세계사로 배우는 법 이야기

세계사로 배우는
법 이야기

유재원·신현배 글 | 임혜경 그림

살림어린이

• 머리말 •

역사는 과거를 통해
현재를 비추는 거울

여러분 안녕하세요, 여러분을 역사 속의 재판으로 안내할 유재원 변호사입니다.

이 글을 읽는 여러분 중에는 역사나 법률을 좋아하는 사람이 많은가요? 아마 호기심은 있는데 법이라는 것과 역사라는 것에 모두 쉽게 다가설 수 없다는 어려움을 느끼고 있겠지요. 저도 어렸을 때, 역사 이야기와 법 이야기에 호기심은 많았지만, 역사와 법률을 함께 이야기해 주는 책은 접해 보지 못했답니다. 역사와 법은 모두 참 흥미로운 것들인데 그것을 함께 배워 볼 기회가 없다는 점이 늘 답답했지요. 그래서 저는 대학에서 역사학 공부와 법학 공부를 따로 할 수밖에 없었답니다. 그 공부 덕분에 제 머릿속에는 역사와 법이 함께 살아서 움직이고 있지요. 저는 이번 책을 계기로 역사와 법 이야기를 쉽게 풀어쓰는 새로운 시도를 해 보려고 합니다. 특히 여러분처럼 호기심이 많은 어린이에게 전문적이고 복잡할 수도 있는 이야기를 머릿속에 쏙쏙 넣을 수 있도록 쉽게 설명해 주려고 해요.

자고로, 북송의 정치가 사마광은 『자치통감』이라는 위대한 역사서를 쓰면서 '역사는 과거를 통해 현재를 비추는 거울'이라는 말을 남긴 바 있어요. 역사는 사람 사이의 일들이라서 반복되는 경향이 있어요. 역사는 단지 옛이야기가 아니라, 현재의 모습을 잘 알게 하는 거울이에요. 역사를 배운다는 것은 현재의 사건들이 왜 일어났는지 앞으로 가까운 미래에 그 사건이 어떻게 전개될지 알 수 있게 하죠. 법도 역사의 일부랍니다. 법은 역사적으로 정치제도였을 수도 있고 사회문화였을 수도 있어요. 고조선의 「8조법」이나 그리스의 「솔론 개혁법」은 당시의 역사적 상황을 정확히 보여 준답니다. 이처럼 법은 역사 속에 살아 있어요. 또한 법은 당대 사람 사이의 질서를 다룬 것이기 때문에 시대의 변화에 따라 참 많이 변하는 거랍니다. 법도 역사 속의 한 이야기였던 것이고 현재 우리가 누리고 있는 법은 과거에 분명 답이 있어요. 법은 흐르는 역사에 따라 변화했으며, 앞으로의 법제도도 역사 속에서 계속 변할 수 있는 거죠.

예를 들어볼까요? 사형제도를 계속 유지하자는 입장과 폐지하자는 입장을 보아도, 우리는 역사 속에서 집행된 사형의 예들을 보면서 현재의 법제도 중 하나인 사형제도가 왜 생겨났고 앞으로 어떻게 변할지 알게 돼요. 이 책에 등장하는 사마천, 토머스 모어, 잔 다르크, 소크라테스의 재판을 보면 사형제도는 위대한 사람을 탄압하고 정치적으로 공격하는 술수였어요. 그래서 이런 입장에서는 사형이 유래상 잘못된 제도였고 앞으로는 사형을 폐지시켜야 한다고 주장할 수도 있죠? 반면, 뉘른베르크 전범(戰犯), 갱단 두목 알 카포네, 아미스타드 호의 노예 상인의 재판을 보면 이런 사람들은 천인공노할 악한이기 때문에 엄벌에 처해야 하고 결국 사형만 한 벌이 없지요. 그래서 이런 시각에서 사형은 역사 속에서 제대로 된 기능을 해 왔고, 앞으로도 등장할 강호순, 유영철 같은 악한에 대해서 사형으로 꼭 처벌해야 한다는 생각을 하게 되죠.

자, 역사라는 인류의 큰 발자취에서 법이라는 것을 보니 어떤가요? 역사와 법을 함께 고민하는 것이 참 신선하지요? 역사책의 따분함보다는 로스쿨에 온 듯한 활기가 느껴지지 않나요? 그래요, 제가 보기엔 역사라는 것도 사람이 살아온 오랜 기록이고, 법이라는 것도 사람 사이의 수많은 이야기예요. 이래서인지 역사와 법은 생각의 자취가 일치할 때가 참 많답니다. 잔 다르크는 사람들이 처음에는 마녀라고 했다가 나중에 성녀라고 하게 되는데, 이런 것을 단지 역사 사실만 보고 "역사 속의 진실은 결국 밝혀졌다."라고 해버리면 너무 쉽게 생각한 거죠. 이제 역사와 법을 함께 보면서 "잔 다르크는 고문에 의한 자백을 했었고 당시에 「교회법」을 적용해서 마녀라고 판결 받아 화형에 처해졌지만 그 재판은 「헌법」과 「형사소송법」상 잘못된 재판이었다. 나중에 그런 오류들을 법원 스스로 고쳤고 교황청도 이를 인정하여 후세의 사람들이 잔 다르크의 억울한 누명을 벗겨주게 되었다. 역사적으로나 법적으로나 그녀는 영웅이었고 무죄였다."라고 생각하면 보다 폭넓은 생각을 하게 되는 거랍니다.

어린이 여러분, 제가 생각하는 '역사와 법' 이야기를 짐작하시겠죠. 역사와 법은 훌륭한 사람들의 훌륭한 이야기입니다. 이 책에서 여러분이 존경할 인물을 찾아볼 수 있죠. 역사학과 법을 모두 전공한 제가 존경하는 인물은 누구일까요? 바로 이 책 속에 그 인물들이 나온답니다. 역사학에서는 사마천을, 법학에서는 소크라테스를 존경한답니다. 왜냐하면 사마천은 억울한 역사의 흐름에 좌절하지 않고 자신의 지조를 지키며 엄정한 눈매와 매서운 붓끝으로 위대한 역사서를 집필했기 때문이고, 소크라테스는 우매한 법률로 온 세상의 정의가 사라질 때조차도 합리적이고 현명한 소신을 지켜 가면서 상식과 정의가 통하는 날까지 세상 사람들을 설득하려는 용기를 가졌기 때문이에요.

자, 이제 역사 속의 재판 이야기로 들어가 볼까요? 여러 재판들 중에는 끔찍한 판결을 내린 형사 재판에 관한 일들도 있고 치밀하고 명철한 법 논리로 통쾌한 결론이 내려지는 재판도 있어요.

너무 겁먹지 마세요. 이 책의 내용들은 어렵거나 무서운 이야기는 절대 아니랍니다. 이 책을 읽는 여러분 모두를 제가 마련한 역사 법정에 초대하고 싶습니다. 이제부터 여러분들은 판사, 검사, 변호사가 되는 거랍니다. 간혹 모르는 것이 있어도 제가 옆에서 여러분들을 지켜 줄 테니, 역사 문제든 법률 문제든 호기심을 가지고 물어본다면 제가 힘껏 돕겠습니다. 저는 이미 여러분들의 수준을 업그레이드할 준비가 되어 있답니다. 파이팅!

변호사 유재원

재판을 통해 본
세계 역사

재판은 한 편의 드라마와 같다고 흔히들 말합니다. 극적인 사건들이 법정을 무대로 펼쳐질 때 영화를 보는 듯 흥미진진하기 때문입니다. 실제로 유명한 사건을 다룬 재판들은 소설의 소재가 되거나 영화로 만들어지기까지 했습니다.

독일의 작가 토머스 만은 "재판을 통해 세계 역사를 다시 쓸 수도 있다. 그 이야기는 아주 흥미진진한 이야기가 될 것이다."고 말하기도 했습니다.

그렇습니다. 재판을 통해 세계 역사를 다시 쓸 수 있고, 읽어낼 수도 있습니다. 왜냐하면 세계 역사에는 수많은 사건들과 그 재판이 있었으며, 재판의 결과는 역사의 물줄기를 크게 바꾸어 놓았기 때문입니다.

이 책은 세계 역사를 바꾼 재판들을 한자리에 모은 것입니다. 황제의 뜻을 거슬러 유죄 판결을 받은 사마천 재판을 비롯하여 아테네식 민주주의를 반대하고 귀족 정치를 지지한다는 이유로 정적들에 의해 고발된 소크라테스 재판, 역사의 순교자인 토머스 만 재판, '그래도 지구는 돈다'로 유명한 갈릴레이 재판, 끔찍한 마녀 재판, 권력 싸움의 희생양이 된 찰스 1세 재판, 전설적인 노예 해방 재판인 아미스타드 호 반란 사건 재판, 여성으로서 투표한 죄로 법정에 넘겨진 수전 앤서니 재판, 극한 상황에서 조난자들에 의해 벌어진 미그노넷 호 살인 사건 재판, 악명 높은 시카고 암흑가의 제왕 알 카포네 재판, 진화론과 창조론이 격돌한 스콥스 재판, 나치 전범들에 대한 뉘른베르크 재판 등 다양한 종류의 역사적인 재판들을 소개했습니다.

사건의 진상과 재판 과정은 물론, 사건이 벌어진 시대 배경, 재판이 당시 사회에 미친 영향, 역사적 의미 등도 깊이 있게 다루었습니다.

아무쪼록 이 책을 보면서 이제까지 몰랐던 역사적 사건들을 알고, 재판을 통해 세계 역사와 그 교훈을 배웠으면 합니다.

신현배

차례

머리말 …… 4
'어린이 로스쿨'이 열리다 …… 13

사마천 재판
황제의 뜻을 거스르면 유죄? …… 20

부록 유재원 변호사와 함께 생각해 보기 …… 36
황제의 뜻을 거스르는 죄는 반역죄라고?

소크라테스 재판
악법도 법이다. 과연 그럴까? …… 42

부록 유재원 변호사와 함께 생각해 보기 …… 54
악법도 지키는 것이 진정한 준법정신인가?

마녀 재판
끔찍한 고문으로 얻은 자백 …… 58

부록 유재원 변호사와 함께 생각해 보기 …… 70
고문을 통해 얻은 자백은 효력이 있는가?

토머스 모어 재판
내 수염은 반역죄를 저지르지 않았다 …… 78

부록 유재원 변호사와 함께 생각해 보기 …… 100
양심과 사상의 자유는 왜 필요한가?

찰스 1세 재판
재판 받고 사형 당한 최초의 왕 …… 104

부록 유재원 변호사와 함께 생각해 보기 …… 126
왕은 법 위에 존재하는 자인가?

갈릴레오 갈릴레이 재판
그래도 지구는 돈다 …… 128

부록 유재원 변호사와 함께 생각해 보기 …… 142
과학을 재판으로 다룰 수 있을까?

아미스타드 호 반란 사건 재판
전설적인 노예 해방 재판 …… 148

부록 유재원 변호사와 함께 생각해 보기 …… 164
인간은 소유의 대상이 될 수 있는가?

수전 B. 앤서니 재판
여성에게도 투표할 권리가 있다 …… 170

부록 유재원 변호사와 함께 생각해 보기 …… 185
우리 사회에 평등이란 것이 주는 의미는 무엇인가?

미그노넷 호 살인 사건 재판
살기 위해 다른 사람을 잡아먹어도 될까? …… 188

> 부록 유재원 변호사와 함께 생각해 보기 …… 205
> 생존을 위한 살인과 식인 행위는 정당한가?

알 카포네 재판
법보다 주먹이 가깝다? …… 208

> 부록 유재원 변호사와 함께 생각해 보기 …… 220
> 탈세와 뇌물수수는 왜 사라지지 않을까?

스콥스 재판
역사적인 원숭이 재판 …… 226

> 부록 유재원 변호사와 함께 생각해 보기 …… 240
> 종교·과학의 문제, 어느 경우에 법원이 나서야 할까?

뉘른베르크 재판
연합군의 나치 전범 재판 …… 244

> 부록 유재원 변호사와 함께 생각해 보기 …… 260
> 반인류적 범죄를 어떻게 처벌할 것인가?

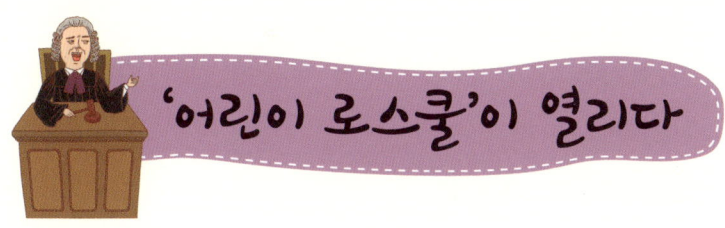
'어린이 로스쿨'이 열리다

아침 일찍 일어난 별별이가 제 방에서 나올 때였습니다.

거실 쪽에서 아빠의 목소리가 들려왔습니다.

"거참, 어째 이런 일이 다 생겼나? 이런 독재자는 법정에 세웠어야 했는데……."

아빠는 소파에 앉아 신문을 보며 혀를 끌끌 찼습니다.

그때 주방에서 아침을 준비하던 엄마가 물었습니다.

"여보, 독재자라니요? 신문에 무슨 기사가 났기에 그래요?"

"리비아를 42년 동안 통치했던 카다피가 말이야. 시민군에게 붙잡혀 짐승처럼 끌려다니다가 총에 맞아 죽었다는군."

"악명 높은 독재자가 비참한 최후를 맞이했군요. 얼마 전에 국제 형사 재판소(ICC)에서, 숨어 다니는 카다피를 붙잡으면 재판을 하겠다고 하지 않았나요?"

"그랬지. 저런 독재자는 사담 후세인처럼 재판에 넘겨 법의 심판을 받아야 하는데 정말 아쉬워."

"아빠, 사담 후세인이 누구예요?"

별별이가 소파에 앉으며 물었습니다.

"응, 미국과 전쟁을 벌였던 이라크 대통령이란다. 당시에 쿠웨이트를 점령하여 시민들을 무자비하게 죽였지. 전쟁 범죄를 일으킨 죄로 재판에 넘겨져 사형 선고를 받고 교수형에 처해졌어."

"카다피도 재판을 받았더라면 사형 선고를 받았겠죠?"

"물론이지. 죄 없는 사람들을 마구 죽이는 등 온갖 죄를 저질렀으니까."

"정말 아깝네요. 그런 독재자는 법정에 세웠어야 했는데……. 내가 재판장이라면 카다피가 저지른 죄를 낱낱이 밝혀내고 '피고인 카다피에게 사형을 선고한다!' 하고 망치를 쾅쾅 두드리겠어요."

이때 엄마가 웃으면서 말했습니다.

"호호, 우리 별별이가 오늘은 법에 대해 부쩍 관심을 보이네."

"엄마도 참……. 오늘부터 '어린이 로스쿨'에 들어가잖아요. 그러니 당연히 법에 대해 관심을 갖는 거죠."

"참! 그렇지. 내가 깜빡했네."

오늘은 학교에서 방과 후 교실로 '어린이 로스쿨'이 열리는 날입니다. 변호사 아저씨가 일주일에 한 번씩 학교에 오셔서 법에 대해 여러 가지 재미있는 이야기를 들려주시기로 했답니다.

아빠가 말했습니다.

"로스쿨이라면 법학전문대학원인데……. 앞으로는 사법시험이 없어지고, 로스쿨을 졸업하면 바로 변호사가 될 수 있다지? 우리 별별이가 '어린이 로스쿨'을 졸업하면 세상의 별별 사건을 쉽게 해결해 주는 '오별별 변호사님!'이라고 불러 주어야겠네."

별별이가 흐뭇하게 웃으며 고개를 끄덕였습니다.

"후후, 당연히 그러셔야죠. 아빠도 아시다시피 제 꿈이 변호사가 되는 거잖아요. 10년쯤 일찍 변호사라고 불리니 기분 짱이에요."

별별이는 학교 수업이 모두 끝나자 방과 후 교실로 갔습니다. 복도 끝에 있는 교실 문에는 '어린이 로스쿨'이라는 팻말이 붙어 있었습니다.

별별이는 교실 문을 드르륵 열고 안으로 들어갔습니다.

교탁 앞에는 낯선 젊은 아저씨가 서 있었습니다. 판다처럼 몸이 오동통하고, 얼굴은 럭비공같이 생겼습니다. 아저씨는 별별이와 눈이 마주치자 히죽 웃어 보이고는 안경을 추어올렸습니다.

교실 안에는 열댓 명의 아이들이 앉아 있었습니다. 별별이는 그들 가운데 홍판관을 발견하고는 그 옆에 앉았습니다. 판관이는 3학년 때 같은 반 친구입니다. 판관이는 별명이 '포청천'입니다. 텔레비전에서 방영됐던 「판관 포청천」이라는 중국 드라마 때문입니다.

"포청천, 난 네가 올 줄 알았

다. 넌 이름 그대로 '판관(판사)'이 되는 것이 꿈이잖아."

별별이가 이렇게 이죽거리자, 판관이도 지지 않고 말했습니다.

"오별별, 나도 네가 올 줄 알았어. 너의 꿈도 변호사니까 말이야."

잠시 뒤, 아저씨가 아이들을 둘러보며 천천히 입을 열었습니다.

"이제 다 모인 것 같네. 내 조카들 같아서 말을 놓을게. '어린이 로스쿨'에 온 것을 환영해요. 나는 여러분과 매주 금요일에 만나 법에 대해 공부할 '유명한' 변호사랍니다."

변호사 아저씨가 자기소개를 마치자 마자 별별이가 손을 번쩍 들었습니다.

"변호사 아저씨, 딱딱한 법률 얘기 말고 재미있는 재판 이야기 좀 들려주세요. 석궁 테러 재판 이야기도 궁금하고요, 이라크 대통령이었던 독재자 후세인은 재판에 넘겨져 사형 선고를 받고 어떻게 되었는지 궁금해요. 이런 이야기를 좀 들려주세요."

별별이의 당돌한 요구에 변호사 아저씨는 알았다는 듯 고개를 끄덕였습니다.

"그래, 너희들이 원한다면 그렇게 하자. 이제부터 매주 강의 시간에 역사 속의 다양한 재판들을 이야기해 주지."

"야호, 신난다!"

변호사 아저씨의 승낙이 떨어지자 아이들은 환호성을 질렀습니다.

판관이가 눈을 반짝이며 물었습니다.

"아저씨, 오늘은 어떤 재판 이야기를 들려주실 거죠?"

변호사 아저씨가 대답했습니다.

"으음, 너희들 혹시 『사기(史記)』라는 중국 역사책을 쓴 사마천이라는 사람을 아니? 사마천은 중국 최고의 역사가인데, 황제의 뜻을 거슬러 재판에 넘겨져 유죄 판결을 받았단다. 오늘은 역사 속으로 들어가서 사마천 재판에 대해 들려주지."

⚖️ 재판을 하는 사람은 누구인가?

옛날에 어느 신하가 간신들의 모함을 받아 역적으로 몰렸어요. 그래서 재판을 받게 되었지요. 그런데 재판관으로 임명된 사람은 형조판서였어요. 그는 재판을 받을 신하가 충신이며, 간신들의 모함을 받아 역적으로 몰렸다는 사실을 알고 있었어요. 그래서 재판을 하는 것이 고민스러웠지요.

'어쩌지? 무죄 판결을 내리면 임금님의 노여움을 살 테고, 잘못하면 나도 역적으로 몰릴 수 있어. 그렇다고 죄 없는 사람에게 유죄 판결을 내려 형장으로 보낼 수도 없고…….'

형조판서는 고민을 거듭하다가 꾀를 냈어요. 수레를 타고 법원으로 가는 길에 일부러 다리에서 떨어져 부상을 당한 거예요.

조선 시대에 재판을 한 사람은 지방 수령인 목사, 부사, 군수, 현령, 현감 등이었어요. 이 1심 재판에서 패소한 경우에는 각 도의 장관인 감사(관찰사)에게 항소할 수 있었는데, 이것을 '의송'이라고 하지요. 의송에서도 패소하면 중앙의 형조에 상소할 수 있었어요.

오늘날에는 누가 재판을 할까요? 그것을 설명하기 전에 먼저 알아 두어야 할 것은 재판의 절차예요. 재판이 이루어지려면 검사나 피고인 또는 원고와 피고가 있어야 해요. 민사 재판에서 원고는 재판을 해 달라고 청하는 사람이고, 피고는 재판을 받게 되는 사람이에요. 형사 재판에서 검사는 죄를 구하는 사람이고 피고인은 죄인으로 지목되어 나중에 형벌을 받을 수도 있는 사람이에요.

국민들 사이에서 다툼이 생겼을 때 옳고 그름을 판가름해 주는 민사 재판에서는 원고와 피고 모두 개인이에요. 하지만 살인, 강도, 도둑 등 국가와 사회에 해를 끼친 사람들을 처벌하기 위한 형사 재판에서는 범죄자가 피고인이 되고 그에게 죄를 묻는 검사가 등장하지요. 검사는 범죄자를 법원에 공소를 제기하여 형벌을 주고자 하고, 변호사 자격이 있는 변호인이 나서서 피고인을 변호한답니다. 그러면 판사는 재판을 통해 판결을 내리게 되지요.

⚖️ 공정한 재판을 위하여 세워 놓은 원칙이 있나?

1823년 미국 미주리 주 세인트루이스의 지방 재판소에 제임스 페크라는 사람이 부임해 왔어요. 페크는 이곳 재판소에서 판사로 14년 동안 일했는데, 하얀 헝겊으로 늘 눈을 가리고 있었다는군요. 재판을 받는 사람들의 얼굴을 보지 않고 공정하게 재판을 하기 위해서요.

그러면 법원에 제출된 서류는 어떻게 보냐고요? 물론 눈을 가려 볼 수 없으니 법원 서기가 그 내용을 소리 내어 읽어 주었대요. 그리고 법정에 들어설 때는 눈을 가린 그를 부축해 주었고요.

페크 판사 같은 법관은 우리나라에 없지만, 우리나라에서는 공정한 재판을 위하여 세워 놓은 원칙이 있어요.

첫째는 숨어서 재판을 하지 않고 여러 사람이 지켜보는 가운데 공개적으로 재판을 한다는 거예요. 이를 '공개 재판주의'라고 해요. 한 치의 의혹도 없이 모든 재판 과정을 공개한다는 거지요.

둘째는 정확한 증거를 근거로 재판을 한다는 거예요. 이를 '증거 재판주의'라고 하는데, 증거가 없으면 처벌을 하지 않아요.

셋째는 어떤 사건에 대하여 일단 판결이 내리고 확정되면 그 사건을 다시 재판하지 않는다는 거예요. 이를 '일사부재리의 원칙'이라고 하지요.

또한 공정한 재판을 위하여 '3심 제도'를 두고 있답니다. 3심 제도는 같은 사건에 대하여 세 번의 재판을 받을 수 있도록 한 거예요. 즉 지방 법원, 고등 법원, 대법원을 거치도록 했지요. 지방 법원에서는 1심을 맡고 있는데, 그 판결에 불만이 있으면 고등 법원에 2심 판결을 청구할 수 있어요. 이것을 '항소'라고 해요. 또 2심 판결에도 만족하지 못하면 대법원에 3심 판결을 청구하는데, 이를 '상고'라고 하지요.

지방 법원은 서울을 비롯한 각 도의 주요 도시에 있어요. 그리고 고등 법원은 서울, 광주, 부산, 대구, 대전에 있고, 대법원은 서울에 있어요.

첫 번째 재판 **사마천 재판**

황제의 뜻을 거스르면 유죄?

중국 한나라의 무제 황제는 북쪽에 있는 흉노족 때문에 골치를 앓았어. 흉노족이 걸핏하면 중국 땅에 쳐들어와 재물을 약탈하고 백성들을 죽였거든.

어느 날, 무제는 이런 생각을 하며 입술을 깨물었어.

'언제까지 흉노족에게 당하고만 있을 수는 없다. 군사를 동원하여 흉노 정벌에 나서는 거야.'

기원전 99년, 무제는 이사장군 이광리를 궁전으로 불렀어. 이광리는 무제의 후궁인 이 부인의 오빠로, 무제의 총애를 받고 있었지.

"이사장군, 그대에게 3만 기병을 줄 테니 흉노를 정벌하고 돌아오라."

"황공하옵니다. 분부대로 하겠습니다."

이광리는 3만 기병을 거느리고 흉노를 정벌하러 떠났어. 그러나 그는 흉노족을 무찌르지 못하고 오히려 패하기만 했지. 나중에는 흉노족에게 포위 당해 모든 군사를 잃고 혼자 도망쳐 한나라로 돌아왔단다.

무제는 이광리가 전쟁에 졌는데도 벌하지 않았어. 오히려 그에게 위로의 말을 건넸지.

"너무 상심하지 마라. 다음번에는 흉노족을 정벌할 수 있을 거야."

"성은이 망극하옵니다."

한나라에는 이릉이란 장군이 있었어. 이릉은 매우 뛰어난 장수였지. 전쟁터에서 용맹을 떨쳐 '기도위'에 임명되었는데, 부하들은 모두 그를 믿고 따랐어. 인품이 좋고 덕망이 높아 많은 사람들이 그를 좋아했지.

어느 날, 이릉이 무제에게 이렇게 아뢰었어.

"폐하, 제가 5천 보병을 훈련시키고 있습니다. 허락해 주신다면 군대를 이끌고 나가 흉노족을 정벌하겠습니다."

"장하다. 흉노를 무찌르고 돌아오라."

무제가 허락하자 이릉은 5천 명의 보병 부대를 이끌고 흉노족을 토벌하러 떠났어.

이릉의 부대는 용맹무쌍했어. 적진 깊숙이 들어가 불과 5천 명의 군사로 10여 일 만에 적군 1만여 명을 죽이는 전과를 올렸지.

이 소식이 전해지자 한나라 조정은 축제 분위기에 휩싸였어. 대신들은 무제에게 축배를 올리며 앞다투어 인사를 했지.

"폐하, 이릉은 과연 뛰어난 장수입니다. 그의 재주를 첫눈에 알아보고 흉노 정벌을 명하신 폐하의 혜안에 감탄할 따름입니다."

"이릉은 하늘이 낳은 장수입니다. 이처럼 무예가 빼어나고 충성심이 강한 장수는 두 번 다시 나오지 않을 것입니다."

"훌륭한 장수를 얻어 흉노 정벌을 눈앞에 두시다니요. 감축 드리옵니다."

무제는 좋아서 어쩔 줄을 몰랐어. 술잔을 높이 들며 대신들에게 이렇게 외쳤어.

"이제 흉노는 우리 땅에 한 발짝도 들여놓지 못할 것이다. 이릉 장군이 흉노를 정벌하고 돌아오면 축하 잔치를 크게 베풀 것이다."

그런데 얼마 뒤, 한나라 조정에 좋지 않은 소식이 날아들었어. 처음에 몇 차례 승리를 거두었던 이릉의 군대가 흉노군에게 크게 패했다는 거야. 3만이 넘은 흉노군에게 포위되어 죽을힘을 다해 싸웠지만, 어쩔 수 없이 지고 말았지. 살아남은 한나라 군사는 4백 명뿐이었고, 이릉은 흉노에게 포로로 잡히자 항복하고 말았어.

이 소식을 듣고 크게 실망한 무제는 조정 대신들을 불러들여 회의를 했어. 대신들은 일제히 이릉에게 비난의 화살을 날렸지.

"오랑캐에게 항복하다니, 한나라 장수가 어찌 그럴 수가 있습니까? 이릉은 변절자입니다."

"그렇습니다. 이릉이 우리 한나라 왕조의 얼굴에 먹칠을 했습니다. 오랑캐의 포로가 되기 전에 스스로 명예롭게 목숨을 끊었어야지요."

"이릉은 반역자입니다. 마땅히 그의 죄를 물어야 합니다."

 그 자리에는 '태사령' 벼슬에 있던 사마천이 있었어. 태사령은 정부의 문서를 기록하고 보관하거나 제사를 관장하는 관리였지. 그의 아버지 사마담도 태사령을 지냈는데, 후세에 길이 남을 역사책을 쓰는 것이 꿈이었어. 그래서 그는 아들에게 자기 뒤를 이어 태사령이 되어 자신이 쓰기 시작한 역사책을 완성하라는 유언을 남겼

단다. 사마천은 아버지의 뜻을 이어받아 태사령이 되어, 아버지가 써 왔던 필생의 역사책인 『사기』를 쓰기 시작했어. 『사기』는 자료 수집에서 집필까지 수십 년의 세월을 쏟아부어야 하는 방대한 작업이었지.

사마천은 조정 대신들이 일제히 이릉 장군을 비난하는 것을 보고 분노를 느꼈어. 공을 세웠을 때는 입에 침이 마르도록 이릉을 칭찬하던 그들이었어. 그런데 전쟁에 한 번 져서 포로가 되자 금세 등을 돌리고 이릉을 비난하는 것이 어이가 없었어. 보다 못해 사마천은 이릉을 변호하고 나섰지.

"제가 보기에 이릉은 사람됨이 좋은 인물입니다. 부모에게 효성스럽고, 사람을 사귀는 데 신의가 있으며, 나라를 위해 충성을 다했습니다. 불행히도 전투에 져서 포로의 몸이 되었지만, 그는 최선을 다해 싸웠습니다. 겨우 5천 명의 군사로 적진 깊숙이 들어가 3만의 적군에 맞서 화살이 다할 때까지 버텼다고 합니다. 지원군이 없는 상황에서 어느 명장이라도 이만큼 싸울 수가 있겠습니까? 이릉 장군이 죽지 않고 포로가 된 것은, 나라의 은혜에 보답하려고 복수의 기회를 노리기 위해서일 것입니다."

사마천의 말에 무제의 얼굴이 일그러졌어.

사마천은 이릉을 훌륭한 장수라고 변호했어. 이릉은 지원군도 없는 상황에서 용감하게 싸우다가 패했는데, 지원군이 왔더라면 상황은 달라졌을 거라고 보았지. 당시 한나라군의 최고 사령관은 무제의 처남인 이광리였는데, 그의 작전 실패로 지원군을 보내지 않아 이런 결과가 생겼다는 거야.

무제는 기분이 나빴어. 처남인 이광리에 대한 비판은 곧 자신에 대한 비판이었거든.

"뭐, 어쩌고 어째? 이릉을 변호하는 걸 보니 너도 똑같은 반역자로구나! 너는 이사장군을 헐뜯고 내가 사람을 잘못 썼다고 비난하고 싶은 거지?"

무제는 눈을 부릅뜨고 사마천에게 호통을 쳤어.

"폐하, 제가 그럴 리가 있겠습니까? 저는 다만 이릉이 비난받는 것이 안타까워 그의 입장을 말하고, 폐하를 위로해 드리고 싶었습니다."

"듣기 싫다! 너는 나를 속여 이사장군을 비난하고 이릉을 변호했다. 황제를 모욕하고 속이는 죄가 얼마나 큰지 아느냐? 여봐라, 사마천을 끌어내어 감옥에 가두어라!"

사마천은 이릉을 변호했다가 감옥에 갇히고 말았어.

얼마 뒤, 사마천은 '정리'에게 심문을 받게 되었어. 정리는 지금의 검찰관이자 재판관이었어. 한나라 때는 정리가 심문을 하고 형벌을 내렸지. 재판은 죄인이 자백을 하여 자기 죄를 인정하면 끝이 났어. 죄를 시인하지 않아도 유죄로 판단 내리는 경우가 많았지. 곧 형벌이 정해져 집행이 이루어졌어.

무제 때 정리로 이름을 떨친 사람은 장탕과 두주였어. 장탕이 죽자 그 뒤를 이은 것이 두주였지. 얼마나 혹독하게 업무를 보았는지 그가 정리일 때 감옥에 있는 죄수가 10만여 명에 이르렀다는구나.

사마천은 수갑과 족쇄가 채워진 채 정리 앞에서 심문을 받았어. 정리는 눈을 부라리며 소리쳤어.

"네 이놈! 네 죄를 네가 알렷다!"

사마천이 고개를 숙인 채 말했어.

"글쎄요. 제가 무슨 죄를 지었는지 모르겠습니다만."

"뭐, 뭐라고? 자기 죄를 모르겠다? 참으로 맹랑한 놈이로구나. 네놈은 황제 폐하를 속여 이사장군을 비난하고 이릉을 변호했다. 황제 폐하의 뜻을 거스른 죄인이란 말이다."

"당치 않은 말씀입니다. 제가 어찌 그런 짓을 할 수 있겠습니까? 저는 다만 폐하를 위로해 드리려고 했을 뿐입니다."

"저, 저런 뻔뻔한 놈! 자기 죄를 인정하지 않다니, 매를 맞아야 정신을 차리겠느냐?"

정리는 옥졸을 불러 명령했어.

"여봐라, 저놈을 끌고 가서 매운 맛을 보여 주어라."

옥졸은 사마천을 끌고 어느 방으로 들어갔어. 그곳에는 형틀이 마련되어 있었지. 옥졸은 사마천을 형틀에 묶어 놓고 곤장 스무 대를 때렸어.

정리가 들어와 싸늘한 미소를 지으며 물었어.

"이제 정신을 차렸느냐? 네가 무슨 죄를 지었는지 알겠지?"

사마천은 대답 대신 고개를 내저었어. 그러자 정리는 분하다는 듯 목소리를 높였지.

"이놈이 아직도 정신을 못 차렸구나. 곤장 스무 대를 더 때려라!"

사마천은 그날 엉덩이가 터지도록 곤장을 맞았어. 그리고 감옥에 갇혔지. 사마천은 감옥에서 풀려나지 못했어. 황제를 속인 죄로 이듬해까지 감옥에 갇혀 있었어.

그런데 이듬해에 사마천에게 불리한 소식이 전해졌어. 무제가 공손오 장군을 흉노 진영에 보내 그곳 사정을 알아오도록 했는데, 한나라로 돌아와 뜻밖에도 이런 말을 하는 거야.

"이릉이 확실히 변절을 했습니다. 한나라군에 맞서기 위해 흉노군에게 병법을 가르치고 있답니다."

"그게 정말이냐? 그놈이 나를 배신하고 오랑캐에게 붙은 것이 틀림없구나."

분노한 무제는 감옥에 가두었던 이릉의 아내와 자식, 어머니, 동생 등을 모두 처형해 버렸어.

그러나 이릉이 흉노군에게 병법을 가르친다는 것은 사실과 달랐어. 그 일을 한 것은 이릉이 아니라 이서라는 자였지. 공손오는 제대로 알아보지도 않고 거짓 정보를 전했던 거야.

이릉 장군을 옹호해 왔던 사마천에게도 불똥이 떨어졌어. 황제의 명으로 그에게 사형이 내려진 거지.

당시에 사형을 면하려면 두 가지 방법이 있었어. 하나는 목숨 값으로 50만 전을 내는 것이고, 다른 하나는 궁형을 받아 내시(환관)가 되는 것이었지.

사마천은 집안 형편이 넉넉지 못해 50만 전을 낼 수가 없었어. 따라서 사형과 궁형 가운데 하나를 택해야 했지.

사마천은 감옥 안에서 가슴을 치며 탄식했어.

"내가 죽어도 세상 사람들에게는 소 아홉 마리에서 털 하나를 뽑는 것과 같을 것이다. 땅강아지나 개미와 무엇이 다르겠는가?"

사마천은 감옥에서 혀를 깨물고 죽고 싶어도 죽을 수가 없었어. 아버지 사마담이 죽으면서 그에게 중국 역사를 기록하라는 유언을 남겼기 때문이었어. 결국 사마천은 궁형을 택했지.

그 뒤 감옥에서 풀려난 사마천은 역사책을 쓰는 데 몰두하여 마침내 위대한 역사서 『사기』를 완성하였단다.

변호사 아저씨가 이야기를 마치자 별별이가 안타깝다는 표정을 지었습니다.

"사마천은 이릉 장군을 변호했다가 날벼락을 맞았네요. 감옥에 갇혔다가 나중에는 사형 판결까지 받았으니 말이에요."

보라라는 여자아이는 눈시울이 붉어졌습니다.

"사마천이 불쌍해요. 억울하게 사형 판결을 받고 궁형이라는 수치까지 당하다니요."

변호사 아저씨가 말했습니다.

"보통 사람 같으면 수치를 당하느니 차라리 스스로 목숨을 끊었을지도 모르지. 하지만 사마천은 죽고 싶어도 죽을 수가 없었어. 아버지가 유언으로 남긴 중요한 사명이 있었거든. 중국 역사를 기록하라는……."

"저는 역사적으로 잘 되었다고 생각해요. 사마천에게 그런 일이 없었다면 『사기』는 쓰이지 않았겠지요."

별별이는 이렇게 말하고 또 변호사 아저씨를 졸랐습니다.

"아저씨, 재판 이야기가 재미있어요. 한 편만 더 들려주세요."

"허허, 그 녀석도 참……. 이야기에 재미를 붙였구나. 좋아, 다음에도 억울하게 재판에 넘겨진 역사 인물에 대한 이야기를 들려주지. 바로 소크라테스 재판이란다."

⚖️ 중국 역사의 아버지, 사마천(B.C. 145~B.C. 86)

중국 한나라의 역사가예요. 하양현(지금의 섬서성 한성)에서 태사령이자 역사가인 사마담의 아들로 태어났어요.

사마천은 10세 때부터 고대 경전을 읽기 시작했고, 20세 때는 수도 장안(지금의 시안)을 떠나 여행을 다녔어요. 이를 통해 견문을 넓히고 각 지방의 풍속과 전설을 수집하여 나중에 역사책 『사기』를 쓸 때 큰 도움이 되었지요. 그 뒤 황제의 수행 비서인 낭중이 되어 한나라 무제를 호위하는 일을 했어요.

기원전 110년, 아버지 사마담이 세상을 떠나며 고대부터 당시까지의 역사를 집필할 것을 사마천에게 부탁했어요. 그로부터 3년 뒤, 아버지의 뒤를 이어 태사령이 된 사마천은 먼저 역법 개혁에 참여했으며 『사기』 집필에 착수했지요.

사마천

기원전 99년, 사마천은 흉노족과 싸우다가 포로가 된 이릉 장군을 변호한 일로 무제의 뜻을 거슬러, 감옥에 갇혀 재판을 받았어요. 그는 치욕스러운 궁형을 당했으며, 감옥에서 풀려난 뒤에는 중서령에 올랐어요.

그 뒤 사마천은 역사책 쓰는 일에 온힘을 쏟아 기원전 90년 마침내 『사기』를 완성했어요. 『사기』는 130권 52만여 자나 되는 방대한 분량인데, 중국 제일의 역사책으로 평가되고 있어요. '중국 역사의 아버지'로도 불리는 사마천은 궁형의 수치를 이겨낸 중국 최고의 역사가로 널리 알려져 있답니다.

흉노족은 왜 자꾸 중국으로 쳐들어왔을까?

옛날 중국 북쪽에는 흉노족이 살았어요. 이들은 넓은 초원에서 가축을 놓아기르고 사냥을 했지요. 흉노족은 언제나 말을 타고 다녔기에 말은 이들에게 중요한 가축이었어요. 말은 봄부터 가을까지 푸른 초원에서 배불리 풀을 뜯어먹었어요. 그래서 가을에는 말이 토실토실 살이 쪘지요.

하지만 흉노족에게 겨울은 잔인한 계절이었어요. 초원에는 풀이

마르고 추위가 닥쳤기 때문이에요. 특히 겨울은 양식을 구할 수 없어 큰일이었어요. 그렇다고 겨울 내내 굶고 지낼 수는 없기에 이들은 겨울이 오기 전에 양식을 찾아 중국 남쪽으로 내려갔지요. 떼 지어 말을 타고 몰려가 닥치는 대로 노략질을 하는 거예요.

『한서』「흉노전」에는 '흉노족은 해마다 가을이 되면 어김없이 쳐들어온다. 말은 살찌고 활은 굳세다.'고 기록되어 있어요. 해마다 가을이 되면 변경에 사는 사람들이나 병사들은 비상사태에 돌입했어요. 흉노족의 습격에 대비해야 하기 때문이었죠. 병사들은 요새를 쌓고 칼과 활촉을 갈았으며 한시라도 경계를 늦추지 않았어요.

흉노족은 주나라에서부터 남북조 시대까지 약 2천 년 동안 중국으로 쳐들어왔어요. 역대 왕조는 흉노족 때문에 골머리를 앓았으며, 진시황과 한무제는 이들을 막으려고 만리장성을 쌓기도 했답니다.

⚖ 중국의 명판관, 포청천(999~1062)

만리장성

옛날에 중국은 사법권이 독립되어 있지 않았어요. 그래서 고을 수령들은 행정과 사법을 장악하여 백성들의 온갖 사건들을 처리하는 판관 노릇을 했지요.

중국 역사상 가장 유명한 판관은 북송 인종 때의 명신

인 포증이에요. 그는 사건을 명확하게 처리하고 공명정대한 재판을 하여 백성들의 억울함을 풀어 주었어요. 그래서 백성들은 모두 그를 존경하여 청천(靑天: 푸른 하늘같은 사람), 즉 '포청천'이라 불렀지요.

포청천은 28세 때 진사에 급제해 벼슬길로 나아간 이래 여러 차례 지방관을 지냈어요. 그는 지방관으로 부임하면 소송 사건과 형사 사건을 우선적으로 처리했어요. 따라서 관청에는 밀린 사건이 없었고, 감옥에는 억울하게 갇힌 백성이 없었다고 해요.

포증

포청천은 백성들을 위해 관청 앞에 북을 두었어요. 백성들은 억울한 일이 생기면 누구나 이 북을 두드려 그 사연을 고을 수령에게 말할 수 있었어요. 소송 사건을 이렇게 편리하게 처리해 주니 백성들은 모두 좋아했지요.

하루는 어떤 농부가 관청을 찾아와서 북을 두드렸어요. 북소리가 울리자 관청의 대문은 활짝 열렸고, 농부는 포청천 앞으로 나아가 이렇게 말했지요.

"저희 집에는 황소가 한 마리 있습니다. 외양간에 황소를 매어 두고 다음 날 아침에 일어나 보니, 누군가 우리 황소의 혀를 잘라 갔습니다."

"으음, 괴이한 일이 벌어졌구나."
포청천은 곰곰이 생각해 보았어요.
'이건 틀림없이 이 농부에게 원한을 가진 자의 짓이야.'
이렇게 결론을 내린 포청천은 농부에게 말했어요.
"황소를 잡아 고기를 팔도록 해라. 이 사실을 다른 사람들에게는 비밀로 하고."
"알겠습니다."
당시에는 민가에서 소를 함부로 잡지 못하게 법으로 금하고 있었어요. 소를 잡으려면 관청의 허락을 받아야 했지요.
이튿날, 다른 농부가 고발장을 들고 찾아왔어요.
"우리 마을에 관청의 허락도 받지 않고 함부로 소를 잡은 사람이 있습니다."

 농부가 고발한 사람은 바로 황소의 혀가 잘렸다는 그 농부였어요. 포청천은 고발장을 들고 온 농부를 추궁했지요.

 "너는 어째서 남의 집 소의 혀를 잘랐느냐? 그것도 모자라 소 주인을 고발해?"

 농부는 하얗게 질려 그 자리에 엎드려 용서를 빌었어요.

 "제가 잘못했습니다. 용서해 주십시오."

 이 사건이 알려지자 백성들은 그의 지혜에 탄복하며 포청천을 명판관이라 불렀어요.

 포청천은 사건을 다룰 때 친척이나 친구라고 해서 봐주지 않았어요. 매우 엄격하게 처리했지요.

 한번은 그의 외당숙이 뇌물 사건으로 고발되었어요. 그러자 포청천은 곧바로 외당숙을 관청으로 잡아들였지요. 이때 외당숙은 그에게 한번만 봐 달라고 빌었어요. 다른 친척들도 몰려와 제발 그를 풀어 달라고 사정했지요. 그러나 포청천은 냉정하게 말했어요.

 "외당숙은 법을 어긴 죄인입니다. 저는 법대로 처리할 수밖에 없습니다."

 포청천은 이처럼 사사로운 정에 좌우되지 않고 공평하게 일을 처리했어요.

 백성들에게 큰 사랑과 존경을 받은 포청천은 중국에서 청백리의 대명사로 불리었어요. 그리하여 남송·금·원 때는 그를 소재로 한 소설이나 희곡들이 많이 만들어졌답니다.

유재원 변호사와 함께 생각해 보기

 황제의 뜻을 거스르는 죄는 반역죄라고?

왕권국가에서는 모든 정치의 중심이 단연코 왕이었지. 이런 정치 체계를 전제군주정이라고 표현하는데, "짐(왕)이 곧 국가다."라고 했던 루이14세를 떠올리면 딱 좋을 듯해.

정치와 사회가 제대로 굴러가려면 사회의 안정을 해치는 사람을 처벌해야겠지. 예전부터 어느 나라건 그런 범죄자를 엄하게 처벌하는데, 그 범죄를 바로 반란죄(반역죄)라고 해. 우리나라 「형법」에도 내란죄(제87조)가 있지. 내란죄는 사회를 유지하기 위해 어쩔 수 없는 법적 장치라고 생각하면 될 거야.

그러면 앞에서 말한 왕권국가에서는 왕이 국가와 마찬가지인 셈인데, 왕의 명령을 거스르는 것이 바로 반란죄(반역죄)가 되었던 거야. 지금 생각해 보면 왕 한 사람의 말을 안 들은 것인데 반란죄가 되었다고 하니 조금은 불합리한 생각도 들지 않니? 그래, 그때는 그만큼 왕의 권력이 강했고 왕의 명령을 거역하는 것이 나라에 해악을 끼치는 것과 같다고 생각한 거야. 특히나 동양에서는 왕의 권력이 세서 왕의 심기를 거스르는 것도 대역죄(=반역죄)라고 처벌하기도 했어. 실제로 우리나라에서도 조선시대에 4차례의 사화(士禍)

(선비인 사림이 대역죄로 몰려 처벌받은 일)가 있었지. 왕을 잘못 만나거나 왕과 정치 성향이 다르다는 이유로 일가족이 몰살당하기도 했던 거란다.

자, 사마천은 어떤 죄를 받았는지 볼까. 그래, 사마천도 대역죄를 지었어. 전쟁에서 진 이릉 장군은 어쩔 수 없이 흉노에 항복하여 흉노 사람이 되었던 것인데, 한 무제는 전쟁의 패배를 용납할 수 없었으니 항복한 장수 이릉을 대역죄인으로 본 거야. 그런데 사마천이 이릉을 위해서 변명을 계속 늘어놓자 한 무제는 사마천도 대역죄인 이릉의 일당으로 보아 처벌한 거야. 특히 연좌제라고 해서 사마천의 가족들도 비슷한 수준의 처벌을 받게 되었을 거란다. 적어도 일가족이 뿔뿔이 흩어졌겠지. 사극에서 가끔 나오는 "죄인의 삼족을 멸하라."라는 말의 뜻이 바로 연좌제로 죄인의 가족들도 죄인과 똑같이 처벌을 내린다는 거거든.

너희들이 평가하기에는 어떠니? 한 무제의 주장이 맞든 사마천의 변호가 맞든 간에 한 무제가 너무 감정적으로 사마천을 처벌한 것 같지는 않니? 단지 황제인 자신의 기분을 언짢게 했다는 것만이 뚜렷한 것이고, 사마천이 이릉과 내통했다는 증거도 없는데 사마천을 대역죄로 처벌한 것은 지나친 면이 있지 않니? 그래, 사마천 재판이 2000년 전 일이긴 하지만 변호사인 내가 보기에도 사마천이 대역죄로 처벌받았던 것은 적절한 재판은 아니었던 것 같구나. 다행히도 그 후 수많은 시간이 흐르면서 역사 속의 많은 재판에서는 반역죄(반란죄)는 뚜렷한 증거가 있어야 유죄가 될 수 있었단다. 중요 사건인 만큼 뚜렷한 범행 정황과 명백한 증거가 있어야 제대로 처벌할 수 있는 것이지. 이런 것이 모두 역사 속에서 억울하게 '왕명을 거역하다가 죽어간' 많은 사람들의 재판 이후에 만들어졌던 거란다.

 끔찍한 형벌에는 어떤 것들이 있었나요?

이번 재판을 보고 동양에만 끔찍한 형벌이 있었던 것으로도 생각할 수 있겠구나. 하지만 그렇지 않아. 무자비한 형벌은 서양에도 흔히 있었지. 고대 이집트에서는 어두컴컴한 감옥에 독사를 넣어서 물리도록 하는 형벌도 있었고 벌레가 가득한 방에 처넣는 형벌도 있었단다. 중세 유럽에서는 화형이라고 해서 사람을 불에 그을려 죽이는 끔찍한 형벌도 있었고 채찍으로 몸(나체)을 때리는 형벌도 만연했단다. 가장 악랄한 형벌로 유명한 사람은 루마니아의 왕 블라드 드라큘라였어. 그는 전쟁을 벌이길 좋아했는데 이슬람 포로가 잡히면 산채로 뾰족한 나무기둥에다가 꽂아서 죽게 만들었다고 해. 그래서 이슬람 사람들은 그를 '피의 드라큘라', '흡혈귀 드라큘라'라고 불렀단다. 그래, 너희들이 알고 있는 공포영화의 주인공인 드라큘라 백작의 모델이 바로 이 사람이란다.

요즘도 문제가 되는 형벌은 이슬람 국가들의 '투석형'이라는 것과 '할비형', '태형'이라는 것이야. 코란의 율법을 맹신하는 사람들이 그런 가혹한 형벌을 하는데 투석형, 할비형, 태형은 사람을 돌로 쳐서 죽게 하는 형벌, 음란한 여자의 코를 베어 버리는 형벌, 사람들이 모인 자리에서 채찍과 몽둥이로 때리는 형벌을 말한단다. 이미 유엔인권위원회에서는 이런 형벌을 금지하라고 하지만, 몇몇 이슬람국가들은 '전통'과 '계율'을 주장하면서 계속 끔찍한 형벌을 계속하고 있단다.

뭐니 뭐니 해도 끔찍한 형벌이라면 역시 사형을 들 수 있지. 어떤 방법으로든 죄인을 죽이는 형벌은 전 세계 어디에서나 논란거리가 되고 있어. 전 세계 국가 중 사형을 폐지한 국가들이 점점 늘어나고 있고 그 대신 무기징역을 하고 있단다. 우리나라는 아직 사형제도 존치국가이지만 김대중 대통령 취임(1998년) 이후부터는 사형을 집행하지 않고 있어. 그런 이유로 우리나라에서도 사실상 사형이 사라졌다고 생각하는 사람도 많아.

역사 속으로 들어가 보자. 오래전 중국의 형법은 『대명률』을 통해 완성되었단다. 『대명률』의 기본적인 체계는 태형, 장형, 도형, 유형, 사형이었지. 우리나라 『경국대전』 「형전편」도 바로 이 『대명률』 체계와 거의 유사해. 태형은 작은 회초리 처벌, 장형은 몽둥이(장형과 비슷한 곤형에는 커다란 곤장을 쓴단다.)로 때리는 처벌이고, 도형은 성곽, 염전이나 탄광 같은 곳에서 강제노역을 시키는 것이고,

유형은 유배형이며, 사형은 생명을 빼앗는 형벌이었어. 그 외에 월형이라고 해서 발뒤꿈치를 잘라내서 장애인을 만드는 형벌도 있었고, 묵형 또는 자형이라고 해서 얼굴에 먹물을 새기는 형벌도 있었단다. 사형이 흥미로운데 교형(교수형), 참형(목을 베는 형벌) 말고도 능지처사형·거열형(사지를 자르거나 찢어 죽이는 형벌)도 있었단다. 이것은 종종 끔찍하긴 하지만 동양에서 무려 천 년 이상 지속되어 왔고 나름 당대의 사회에서 공감을 얻었단다. 이런 형벌들도 다 나름의 기준이 있어서 형벌 집행을 연기해 주기도 하고 범죄에 대해 과도한 형벌이 되지 않도록 노력한 흔적도 보인단다. 물론 때리는 형벌이나 능지처사형 같은 것은 요즘 보기에 끔찍한 것이겠지만 말이야.

　이번 사마천의 재판을 읽고 나니 사마천도 끔찍한 형벌을 당했다는 생각이 들지 않니? 궁형이라는 것은 남성의 성기를 묶거나 성기에 독극물을 넣어서 그 기능을 못 쓰게 만드는 형벌이었어. 사마천은 죽음을 택하든지 이 궁형을 택할 수밖에 없었지. 사마천이 원래 내시(환관)라면 그런 형벌은 괜찮을 수 있었겠지만 엄연히 태사(太史) 집안으로 역사를 기록해 온 문관이었는데 그런 형벌은 참 치욕스러웠을 거야. 죄가 분명하지 않은데도 왕의 심기를 거슬렸다는 것 하나로 죽음이나 다를 바 없는 형벌을 받았으니 말이야. 사마천은 이 억울한 상황에서도 의연하게 그 형벌을 받았단다. 그리고 아버지의 유업을 완성해 갔지. 그것은 옛 역사부터 현재의 역사까지를 한눈에 알아볼 수 있도록 정리하는 위대한 역사서 저술이었어. 무려 수십 년간 작업한 끝에 사마천은 자신의 생전에 『사기』라는 위대한 역사서를 만들게 된단다. 끔찍한 형벌의 피해자였지만 그 고통을 극적으로 승화한 사람이 바로 사마천이야. 나중에는 그 고귀한 희생으로 말미암아 불합리한 형벌도 사라지고 전무후무한 역사서를 읽게 되었으니 새삼 존경의 마음이 드는구나.

> 두 번째 재판 **소크라테스 재판**

악법도 법이다. 과연 그럴까?

기원전 399년 봄이었어. 아테네 법정에 소크라테스에 대한 고발장이 접수되었지. 그 내용은 다음과 같았어.

> 소크라테스는 나라에서 섬기는 신을 믿지 않습니다. 있지도 않은 엉뚱한 신을 끌어들여 청년들을 망치고 있습니다. 따라서 소크라테스는 사형에 처해야 합니다.

소크라테스는 어릴 적부터 '다이몬'이라는 것을 믿고 있었어. 그것은 일종의 수호신으로, 그의 마음속에서 들려오는 신비로운 소리였지. 소크라테스가 좋지 않은 일을 하려 할 때, 그 일을 하지 말라고 속삭여 준다는 거야. 그것은 어쩌면 하느님의 소리, 또는 양심의 소리라 할 수 있었어. 하지만 나라에서 섬기는 신은 제우스, 아폴론 등 올림포스의 열두 신이었단다.

소크라테스를 고발한 사람들은 젊은 시인인 멜레토스, 웅변가인 리콘, 부유한 가죽 공장 주인이자 정치가인 아니토스 등 세 사람이었어. 이들 가운데 실질적인 고발자는 아니토스로, 소크라테스에 대해 반감을 품고 있었지. 그는 소크라테스가 민주정을 반대하고 귀족 정치를 지지한다고 생각했던 거야.

실제로 소크라테스는 아테네식 민주주의에 대해 불만이 많았어. 아테네에서는 18세가 된 남성은 국가 최고 기관인 민회에 참여해 발언권과 참정권을 행사해. 그리하여 관리를 뽑거나 전쟁 참전 등 나라의 중요한 일들을 투표로 결정하지. 소크라테스는 이에 대해 이렇게 비판했단다.

"신발 만드는 사람에게 신발 만드는 일을 맡기듯이, 정치도 그에 관한 전문적인 교육을 받은 사람에게 맡겨야 한다. 그런데 이 나라는 왜 나라의 중요한 일들을, 정치가가 아닌 신발 만드는 사람 등을 참여시켜 투표로 다수결에 의해 결정하는가?"

소크라테스를 따르는 청년들은 대부분 귀족 정치를 지지하는 귀족 청년들이었어. 그러므로 민주정치를 옹호하는 아니토스는 소크라테스를 미워하여 제거 대상으로 보았던 거야.

더욱이 당시 아테네는 스파르타와의 전쟁에서 패한 뒤, 스파르타에 의해 민주정이 무너지고 30명으로 이루어진 독재 정권이 수립되었다가 8개월 만에 다시 민주정으로 돌아왔어. 따라서 아니토스를 비롯한 민주정 인사들은 민주정에 걸림돌이 되는 소크라테스를 공개적으로 처단하려고 그를 고발해 법정에 세운 것이란다. 소크라테스가 독재를 옹호한다고 오해했던 거지.

　기원전 399년 어느 포근한 봄날 아침, '아고라'라 불리는 아테네 광장에서는 소크라테스 재판이 열렸어. 배심원은 501명으로, 긴 나무의자에 앉았지. 그리고 법정에는 재판 장면을 보려고 많은 방청객들이 몰려왔어. 배심원들과 방청객들 사이에는 나무 난간이 가로놓여 있었지.

　도시 행정관 멜레토스는 재판이 시작되기 전에 유향을 피워 신의 가호를 빌었어. 그러고는 공정한 재판을 위한 선서문을 배심원들에게 따라 읽게 했지.

드디어 재판이 시작되어 서기가 공소장과 피고인 소크라테스의 답변서(변론서)를 읽었어. 그 다음엔 고발인들이 진술을 했는데, 3시간 동안 계속되었어.

소크라테스는 증인을 세우지 않고 혼자서 진술을 했어. 그는 자신의 죄를 인정하지 않았지. 오히려 목소리를 높여 자기 입장을 당당하게 밝혔어.

"아테네 시민 여러분! 나는 여러분을 사랑하고 존경합니다. 그러나 여러분보다는 신에게 더 복종하겠습니다. 그리고 숨이 붙어 있는 한 진리를 탐구하고 여러분을 가르치는 일을 그만두지 않겠습니다. 또한 누구에게든 훈계할 일이 있으면 망설이지 않고 훈계하겠습니다. 그런 일 때문에 수십 번 죽임을 당하더라도 말입니다."

소크라테스의 진술은 배심원들의 화를 돋우기에 충분했어. 배심원들은 소크라테스가 자신의 죄를 인정하고, 사형만은 면하게 해 달라고 눈물을 흘리며 애원하기를 바랐지. 그러나 소크라테스는 그런 짓을 하지 않고, 오히려 당당하게 자기 주장을 펼쳤던 거야.

잠시 뒤, 배심원들이 투표를 했어. 그 결과는 유죄 280표, 무죄 221표였지. 59표 차로 유죄가 선고되었던 거야.

고발인들은 소크라테스에게 사형을 요구했어. 아테네 법에는 피고인이 구금(금고)·벌금·추방 중에 하나를 내려 달라고 배심원들에게 청할 수 있었거든. 그런데 소크라테스는 배심원들을 조롱하듯이 이렇게 말했어.

"아테네 시민 여러분! 나는 이제까지 아테네를 위해 신이 내려 주신 임무를 착실히 수행했습니다. 따라서 나는 다른 국가 유공자처럼 프리타네이온에서 평생 무료로 식사를 제공받아야 합니다."

프리타네이온은 고대 그리스에서 성화(聖火)를 관리하던 성소였어. 당시에 프리타네이온에서 무료 식사를 제공받는 것은, 올림픽 경기 우승자 등에게나 주어지는 아테네 시민 최고의 영광이었지.

배심원석이나 방청석에서 분노 섞인 아우성이 쏟아졌어.

"얼토당토않게 그게 무슨 소리야?"

"사람 놀리는 거야?"

비난이 빗발치자 소크라테스는 마지못해 자신의 형량을 제안했어. 은화 1므나의 벌금을 내겠다는 거야. 은화 1므나는 아주 적은 금액이었지. 친구들이 보탠다고 하여 은화 30므나로 올렸지만 여전히 적은 금액이었어.

사형을 면하고 싶으면 벌금을 많이 내겠다고 해야 할 텐데, 그러지 않고 배심원들의 화만 더 돋우었을 뿐이니, 형량에 대한 판결인 2차 투표 결과는 당연히 나빴지. 찬성 361표 대 반대 140표로 사형이 선고된 거야.

소크라테스는 사형수의 몸이 되어 감옥에 갇혔어.

당시 아테네 법에는 사형 판결을 받고 24시간 안에 사형 집행을 하도록 되어 있었어. 그런데 마침 그 전날 아폴론 신과 아르테미스 신에게 제물을 바치러 배가 델로스 섬으로 떠났어. 그 배가 아테네로 돌아오기 전에는 부정한 일을 할 수 없어 사형 집행은 연기되었지. 그리하여 소크라테스는 배가 돌아올 때까지 감옥에 갇혀 있어야 했어.

한 달 뒤, 드디어 배가 아테네로 돌아와 사형 집행일이 정해졌어.

그 전날 밤, 어린 시절 친구인 크리톤이 소크라테스를 찾아와서 이렇게 말했단다.

"여보게, 감옥의 간수에게도 손을 써 놓았네. 당장 감옥에서 탈출하게."

그러나 소크라테스는 고개를 내저었어.

"사는 것이 중요하지 않고 올바로 사는 것이 더 중요하다네. 나는 이 나라를 사랑했다네. 조국과 나라의 법은 부모님과 같이 신성하다네."

다음 날 소크라테스는 독약이 든 잔 앞에 앉았어. 그는 간수와 친구 크리톤 그리고 제자들이 지켜보는 가운데 단숨에 독약을 마셨지.

약 기운이 퍼져 몸이 천천히 굳어 가자 소크라테스는 유언을 남겼어.

"오, 크리톤! 아스클레피오스에게 닭 한 마리를 빚졌네. 나 대신 갚아 주게."

아스클레피오스는 의약, 의술의 신이야. 기원전 399년 4월 27일의 일이었지.

"변호사 아저씨, 이야기 잘 들었어요. 소크라테스도 사마천처럼 억울하게 재판을 받았군요."

판관이가 먼저 입을 열었습니다.

"저는 소크라테스가 감옥에서 탈출하라는 친구의 제의를 거절하는 것을 보고 좀 놀랐어요. 친구의 말을 들었으면 살 수 있었을 텐데요."

"별별아, 소크라테스가 너처럼 소심한 줄 아니? 소크라테스는 대범하게도 '사는 것이 중요하지 않고 올바로 사는 것이 더 중요하다.'면서 독약을 단숨에 마시잖니. 그러니까 오늘날까지 성인으로 남아 사람들의 존경을 받는 거겠지."

판관이가 끼어들어 놀렸습니다.

변호사 아저씨가 웃으며 말했습니다.

"그래, 네 말이 맞다. 오늘 첫 시간에 사마천 재판과 소크라테스 재판에 대해 이야기했지? 다음 시간에는 죄 없는 사람을 마녀로 몰아 죽이는 끔찍한 마녀 재판과 목숨을 내던지면서까지 신앙 양심을 지킨 법관 토머스 모어 재판을 소개하마."

⚖️ '너 자신을 알라'고 외친 철학자, 소크라테스
   (B.C. 469~B.C. 399)

　소크라테스는 고대 그리스의 아테네에서 석수장이인 아버지 소프로니스코스, 산파인 어머니 파이나레테의 아들로 태어났어요. 그는 어려서부터 '다이몬'의 소리를 듣는 '신들린 사람'으로 통했지요. 다이몬은 특정한 신이 아니고, 바로 인간의 이성(理性)이라고 볼 수 있지요.

　소크라테스는 39세 때 아테네와 스파르타가 맞붙은 펠로폰네소스 전쟁에 군인으로 참전했어요. 또 아테네 병사로서 포티다이아 전투와 델리온 전투에도 참가했지요. 이때 소크라테스는 인내심이 대단했어요. 적에게 포위되어 보급로가 끊겨 모두가 굶고 지낼 때, 그는 아무렇지 않은 듯 참아냈다고 해요. 또한 추운 겨울에도 가벼운 옷차림으로 얼음 위를 맨발로 걸어갔다고 해요.

소크라테스

　군대에서 제대한 뒤에는 날마다 아테네의 거리를 돌아다니며 사람들과 철학적 대화를 나누었어요. 소크라테스는 '너 자신을 알라!'고 세상을 향해 외쳤지요. 그를 따르는 젊은이들이 '소크라테스 동아리'를 이루었는데, 플라톤도 소크라테스의 제자가 되어 큰 영향을 받았어요.

　50세에 악처로 유명했던 크산티페와

결혼하여 세 아들을 두었으며, 기원전 399년 신에 대한 불경죄로 고발 당해 사형 판결을 받고 삶을 마쳤지요.

시민 법정에서는 어떻게 재판이 이루어졌나?

소크라테스를 재판했던 법정은 '헬리아이아', 즉 '시민 법정'이었어요. 아테네에서는 살인 사건을 제외한 거의 모든 사건의 재판이 시민 법정에서 행해졌어요.

재판은 배심원들에 의해 이루어졌는데, 배심원은 30세 이상의 아테네 시민들 가운데서 매년 각 부족에서 600명씩 추첨으로 뽑은 6천 명의 배심원단이 맡았어요. 재판은 사건 규모에 따라 배심원 수가 201명, 401명, 501명, 1001명, 1501명, 2001명, 2501명에 이르렀는데, 그 수가 늘 홀수인 것은 투표에서 같은 수가 나오는 것을 피하기 위해서였어요.

배심원으로 참여하면 일당으로 3오볼을 받았어요. 3오볼은 일반 노동자의 일당보다 적어, 나중에는 배심원이 노동력을 잃은 노인들로 채워졌지요. 배심원에 참여하는 시민들은 농부, 목수, 대장장이, 상인, 신발 수선공 등 다양한 직업을 가진 사람들이었어요.

재판이 열리면 그날 모인 배심원들 가운데서 추첨으로 재판을 맡을 배심원들을 뽑았어요. 배심원들은 나무 의자에 모여 앉고, 재판을 주관하는 행정 관리는 재판정 안에 있는 높은 연단 위에 앉았어요. 그리고 그 주위에는 그의 비서, 서기, 관원들이 자리 잡고 있었지요. 또한 앞에는 고발인과 피고인이 변론을 할 연단이 좌우에 하나씩 있었어요.

　재판은 서기가 공소장과 피고인의 답변서(변론서)를 읽으면서 시작되었어요. 그러고는 고발인과 피고인이 발언권을 얻어 변론을 했지요. 여기서는 오늘날처럼 죄인을 기소하는 검사도, 죄인을 변호하는 변호인(변호사)도 없었어요. 그 다음엔 각자의 주장을 뒷받침하는 증인을 불러 증언을 듣는데, 법정에는 발언 시간을 제한하려고 물시계가 놓여 있었어요. 재판은 이 법정이 최종심이기에 그 날 저녁때까지 끝내야 하기 때문이었지요.

　재판이 진행되는 동안 배심원들은 아무 말도 못하고 듣기만 했어요. 그러다가 마지막으로 두 차례 투표를 했는데, 첫 번째는 유죄와 무죄를 가리는 투표(유무죄의 재판)이고, 두 번째는 유죄일 경우 형량을 결정하는 투표(양형의 재판)였어요.

　법정에는 두 개의 단지가 놓여 있어 배심원들은 조약돌이나 조개 껍데기를 넣었어요. 한 단지는 무죄, 다른 한 단지는 유죄를 인정하는 표가 모아졌지요.

　그런데 나중에는 비밀 투표를 하기 위해 배심원들에게 금속 막대가 끼워진 청동 원반 두 개를 나누어 주었어요. 청동 원반 한 개는 금속 막대의 내부가 비어 있는 것이고, 나머지 청동 원반은 금속 막대의 내부가 차 있는 것이었어요. 배심원들은 두 개의 단지 가운데 첫 번째 단지에 자신의 청동 원반 가운데 하나를 넣어 투표를 했어요. 무죄를 인정하면 금속 막대의 내부가 차 있는 청동 원반을, 유죄를 인정하면 금속 막대의 내부가 비어 있는 청동 원반을 넣었지요. 그렇게 투표를 마치면 나머지 청동 원반을 두 번째 단지에 넣었답니다.

만약 유죄가 나오면 두 번째 투표를 하고 그를 통해 구금형, 벌금형, 추방형, 사형을 결정합니다. 애석하게도 소크라테스는 극형인 사형을 받았답니다.

아테네의 민주정치

민주주의라는 말은 그리스어로 사람을 뜻하는 '데모스'와 지배를 뜻하는 '크라토스'의 합성어예요. 즉, '인민에 의한 지배'를 의미하지요. 고대 그리스의 아테네에서는 기원전 6세기경 민주주의가 발달했어요. 그런데 아테네의 민주주의는 대의제가 아니라 직접민주주의였어요. 시민들이 민회에 모여 나라의 중요한 일들을 의논하고 결정했지요.

이 집회는 18세 이상의 성인 남자로, 시민권을 가진 시민만이 참여할 수 있었어요. 현대 민주주의와는 달리 여성들에게는 참정권이 주어지지 않았으며, 아테네 인구의 3분의 1을 차지하였던 노예들도 민회에 출석할 수 없었어요. 아테네의 민주정치는 나중에 중우정치(어리석은 대중의 정치)로 변질되었고, 소크라테스 같은 지성인들은 민주주의가 쇠락하는 것을 비판하기도 했답니다.

시민 5~6천 명이 참석하는 민회는 한 해에 40회쯤 열렸는데, 법을 통과시키고 전쟁 선포와 강화에 대한 결의, 관리 선출과 집행 감시, 사회 정책, 세금, 시민권의 부여 등 정부의 중요 정책들을 논의했어요. 모든 의안은 자유로운 토론과 투표를 거쳐 다수결 원칙에 따라 결정되었지요.

　아테네에는 해마다 각 부족에서 30세 이상 시민 가운데 추첨으로 50명씩 대표를 뽑아 만든 500인회가 있었어요. 이 기구는 민회에서 다룰 안건들을 미리 준비하고 국가 행정에 대한 책임을 맡았어요.

　또한 아테네에서는 해마다 각 부족에서 30세 이상 시민 가운데 600명씩 추첨으로 6천 명의 배심원 집단을 선발했어요. 민주주의에 충실하기 위해 시민 참여를 통한 재판을 했던 것이죠. 재판이 열릴 때마다 사건 규모에 따라 201명에서 2501명까지 배심원이 필요할 때 이들 배심원단 가운데 추첨으로 배심원을 뽑았지요.

　아테네의 민주정에는 '도편 추방제'라는 제도가 있었어요. 민회에서 투표를 통해 6천 명 이상의 시민에게 표를 얻은 사람은 10년 동안 해외로 추방했지요. 이것은 한 사람에게 권력이 집중되어 민주 정치가 손상되는 것을 막기 위해서 만든 제도랍니다.

유재원 변호사와 함께 생각해 보기

악법도 지키는 것이 진정한 준법정신인가?

'악법도 법이다(Dura lex, sed lex).' 이 말은 여러분도 잘 알고 있지? 우리나라뿐만 아니라 서양에서도 널리 알려진 이 법안(법학의 고귀한 문장들)은 사실 로마시대에 어느 법학자가 자신의 책에 써서 유명해진 글귀란다. 독일의 법학자 라드브루흐는 소크라테스가 '법적 안정성(법이 중심을 잡고 쉽게 틀을 바꾸지 않는 것)'이라는 것을 잘 알고 있었기에 이런 말을 했다고 주장했어.

그런데 소크라테스가 죽기 전에 정말로 친구에게 이런 말을 남겼을까? 관련 도서를 찾아보니 소크라테스가 남긴 말(『크리톤』 등)에는 이런 말이 없더라고. 이런 점에서 최근에는 많은 학자들은 "소크라테스는 '악법도 법이다.'라는 말을 하지 않았다."라고 주장하고 있단다.

그럼 소크라테스는 뭐라고 했던 걸까? 현재 남겨진 기록들에 따르면 소크라테스는 정의(옳음)에 대해 이야기했어. 애초부터 소크라테스는 자신의 평소 신념을 굳게 믿고 있었지. 그는 죽기 전까지도 이번 재판이 잘못되었고 그리스의 법 제도에 문제가 있다는 지적을 계속했어. 자신의 신념(로고스logos)이 옳고 언젠가는 그 옳음이 밝혀진다고 굳게 믿은 것이지. 또한 자신은 그 신념에 따라 나라를 설득해 보려 했던 것이고, 이제 사형 판결까지 받은 자신이 그냥 도망쳐 버린다면 그러한 신념은 세상 사람들에게 설득력이 없게 된다고 생각했단다. 정의를 버리는 행동은 할 수 없다는 것이겠지.

　여기서 중요한 점은 소크라테스가 잘못된 정치 체제와 잘못된 법 제도를 바로잡기 위해 '악법도 법이다.'라고 한 것이 아니라 '나라를 설득하겠다.'라고 한 부분이야. 법이라는 것은 처음부터 완벽할 수 없는 것이고 세상의 변화에 따라 달라져야 할 필요성이 있다는 점을 알고 있었던 것이지. 소크라테스는 불명확한 신의 말씀(신탁)에 의존하는 정치 제도라든가 무지몽매한 사람까지 정치와 재판에 참여하는 것은 분명 바뀌어야 한다고 생각했어. 하지만 아쉽게도 그때의 그리스 정치 현실상 소크라테스가 할 수 있는 방법은 많지 않았어. 법 제도와 정치 체제를 바꾸기는 역부족이었지. 결국 소크라테스는 국가에 반항한 죄목으로 재판에 넘겨지게 된 것이란다.

　요즘 같은 현대 민주주의 국가에서는 법이라는 것이 자주 개정되기도 하고 현실(실정)에 맞는 새로운 법이 만들어지기도 해. 국민의 소리를 듣는 정치인을 통해 소외계층과 장애인들을 위한 복지 관련 법률이 생긴다든가, 형법에 있는 과도한 형벌 조항을 줄여나가거나, 21세기 인터넷 강국을 위해서 인터넷 범죄를 단속하는 법률을 만든다든가 말이지.

변호사인 나는 소크라테스를 존경한단다. 그것은 그 사람이 악법도 법이라는 이야기를 해서가 아니라 "악법과 같은 나쁜 제도는 점차 바꾸어야 한다."라고 했기 때문이지. 소크라테스의 생각은 옳은 것이었어. 역사 속에서 그의 말은 증명되지. 악법으로 오래 지속된 정권은 결코 없었거든.

법은 모든 사람과의 약속과 같아서 나쁜 법이 처음에는 나름대로 힘을 발휘하겠지만, 그 법이 나쁘고 잘못되었다는 것이 널리 알려지면 그 제도는 결국 폐지된단다. 예전에 우리나라에서도 노래 가사와 장발(긴 머리)을 단속하고 정부를 비판하는 말을 하는 사람을 처벌했었지. 물론 지금은 사라졌지만. 이렇기에 "악법도 법이다. 그러니 무조건 지켜야 한다."가 아니라 "악법은 법의 틀을 하고 있지만, 그것이 잘못되었기 때문에 정부와 국회에서 하루빨리 개정할 필요가 있다."라고 해야 해. 합리적이고 타당한 법에 복종할 수 있도록 국회의원과 정부가 해야 할 일이 많단다. 만약 나라가 계속 악법을 주장하면서 국민들을 억압할 경우에는, 국민들이 저항권을 행사해서 혁명을 일으키는 경우(미국독립혁명, 프랑스혁명, 우리나라 4·19혁명)도 역사상 많았지. 참고로 독일의 경우에는 히틀러의 나치정권이 국가 권력을 악법으로 남용했던 예가 있었기 때문에 (1930~1940년대), 「독일기본법(헌법)」에 "모든 국민은 독일의 민주적·사회적 질서를 폐지하려고 하는 자에 대하여 저항할 권리를 가진다(제20조)."라고 규정하기도 했어.

생각해 보기 57

세 번째 재판 **마녀 재판**

끔찍한 고문으로 얻은 자백

별별이는 '어린이 로스쿨' 시간을 기다리며 하루하루를 보냈습니다. 일주일이 그렇게 길게 느껴지기는 처음이었습니다.

드디어 변호사 아저씨와 만나는 금요일이 돌아왔습니다. 별별이는 수업이 끝나자마자 쏜살같이 방과 후 교실로 달려갔습니다.

변호사 아저씨는 이미 교실에 와서 기다리고 있었습니다.

"아저씨, 안녕하세요?"

"어서 오너라. 네가 일등으로 도착했네."

"오늘도 재판 이야기를 들려주실 거죠? 마녀 재판과 토머스 모어 재판 이야기를 먼저 한 다음에 강의를 시작하면 안 될까요?"

"고 녀석, 이야기가 몹시 궁금한 모양이구나. 알았다. 네 뜻대로 해 주마."

유명한 변호사는 사람 좋은 웃음을 짓더니, 아이들이 모두 도착하자 재판 이야기를 시작했습니다.

1601년 독일의 로텐부르크에서 두 여인이 마녀 혐의로 체포되었어. 이들은 여기저기 떠돌아다니는 집시 여인이었지.
여인들은 이단 심문소의 심문관에게 심문을 받았어.
"좋은 말로 할 때 털어놓아. 당신들, 마녀가 틀림없지?"
"마녀라니요? 당치 않은 말씀이에요."
여인들은 마녀가 아니라고 완강하게 부인했어. 그러자 심문관들은 여인들에게 고문을 시작했지. 엄지손가락 비틀기, 쇠못 박힌 채찍으로 때리기, 펄펄 끓인 석회수 욕조에 담그기 등 끔찍한 고문이었어.
여인들은 고문에 못 이겨 자기들이 마녀라고 털어놓았어. 마녀와는 아무 상관이 없으면서 마녀라고 거짓 자백을 한 거야.
심문관들은 날카로운 눈빛으로 여인들을 쏘아보며 심문을 계속했어.
"당신들이 마녀라면 마녀들의 집회에 참석했겠지? 그 집회에서 어떤 사람들을 보았나? 당신들이 본 사람들의 이름을 대시지."
"그건 저······."
여인들은 말문이 막혔어. 마녀라고 거짓 자백을 했으니, 마녀들의 집회에서 본 사람이 있을 까닭이 없었지.
심문관은 여인들이 아무 대답을 못하자 또다시 잔혹한 고문을 했어. 여인들은 고문에 못 이겨 할 수 없이 이렇게 말했지.

 "우리가 잠시 머문 마을에 엘제 그빈너라는 여자가 있어요. 빵 공장 주인의 아내인데, 이 여자를 집회에서 보았어요."
 두 여인은 고문에 견디다 못해, 보지도 않은 사람을 보았다고 마녀로 고발했어.
 이리하여 이번에는 엘제 그빈너가 마녀 혐의로 체포되어 이단 심문소로 끌려왔지.
 심문관은 처음에 부드러운 목소리로 타이르듯이 말했어.
 "너는 마녀가 된 지 얼마나 되었지? 네가 섬기는 악마의 이름을 말해 봐. 어차피 다 털어놓아야 할 것들이야. 시간 끌지 말고 좋은 말로 할 때 자백하시지."

엘제는 어이없다는 표정을 지었어.

"제가 마녀라고요? 기가 막혀서 말이 안 나오네요. 제발 생사람 잡지 마세요."

엘제는 자신이 마녀가 아니라고 강하게 부인했어. 그러자 심문관은 엘제에게 고문 도구를 보여 주며 입을 열었어.

"엄지손가락에 끼워 조이는 나사 장치야. 손 끝에서 피가 나올 때까지 천천히 조이지. 그 다음 이것은……."

심문관은 심문실 안에 있는 고문 도구들을 하나하나 보여 주며 그 사용법을 친절하게 설명했어. 자백을 하지 않으면 이런 끔찍한 고문 도구로 고문을 받게 되니, 어서 자백을 하라는 일종의 협박이었지.

그러나 엘제는 고문 도구들을 보고도 눈 하나 끔쩍하지 않았어.

"나는 결백해요. 마녀가 아닌데 어떻게 마녀라고 인정해요? 나는 도저히 그렇게 못해요."

엘제가 끝까지 부인하자, 심문관은 드디어 고문을 시작했어. 그는 엘제에게 엄지손가락 비틀기 같은 가벼운 고문을 하지 않고, 처음부터 무거운 고문을 했어. 엘제가 만만한 상대가 아니라는 생각이 들어서였지.

심문관은 엘제의 양손을 뒤로 묶어 천장에 매달았어. 그러고는 밧줄을 팽팽히 잡아당기다가 갑자기 그 밧줄을 놓아 버렸단다. 순간, 엘제의 몸이 바닥으로 내동댕이쳐졌지.

그것은 무서운 고문이었어. 천장에 매달았다가 바닥에 내동댕이쳐지는 일이 여러 차례 반복되자, 엘제는 고통에 못 이겨 소리쳤어.

"그만! 그만하세요! 모든 것을 자백할게요."

"그래? 처음부터 그렇게 나오지. 그럼 이런 고생을 할 필요가 없었을 텐데."

심문관은 안타깝다는 듯 이렇게 중얼거리며 엘제를 풀어 주었어.

"자, 이제 자백하시지. 너는 언제 마녀가 되었나?"

엘제는 눈을 질끈 감고 입술을 달싹거렸어.

"오, 주여! 저들을 용서해 주시옵소서!"

"빨리 자백하라니까! 당신은 마녀가 된 지 얼마나 되었어?"

심문관이 다그쳐 물었어. 그러나 엘제는 똑같은 말만 반복했지.

"오, 주여! 저들을 용서해 주시옵소서!"

심문관이 얼굴을 찡그렸어.

"아직도 정신을 못 차렸군. 뜨거운 맛을 더 보아야겠어."

심문관은 고문을 계속했고 엘제는 마침내 정신을 잃고 말았단다.

"지독하군. 보통 사람 같으면 벌써 자백을 했을 텐데."

심문관은 자백을 얻는 데 실패하자 다른 방법을 썼어. 엘제의 어린 딸 아가테를 붙잡아와 옆방에서 고문을 시작한 거야.

"어서 자백해! 너도 엄마처럼 마녀가 되었지?"

심문관은 아가테를 발가벗기고 쇠못 박힌 채찍으로 사정없이 때렸어.

"으악! 엄마, 엄마!"

아가테는 저도 모르게 비명을 질렀어. 아가테의 알몸은 금세 피투성이가 되었지.

옆방에 있던 엘제는 딸의 비명 소리를 듣고 얼굴이 하얗게 질렸어.

"앗, 아가테!"

엘제는 자기 때문에 딸이 고통 받는 것을 견딜 수가 없었어. 그래서 마침내 심문관을 불러내어 거짓 자백을 했지.

"저는 악마를 사귀어 그의 애인이 되었어요. 그 뒤에는 그에게 제 피를 조금 바쳐, 평생 주인으로 모시겠다고 다짐하며 마녀가 되었지요. 그분은 저한테 금은화를 선물로 주셨어요. 저는 그분의 날개를 타고 날아가 마녀들의 집회에 참석했답니다."

"마녀들의 집회에서 누구를 보았지? 네가 본 사람들의 이름을 대란 말이야."

엘제는 심문관의 요구에도 순순히 응했어. 엘제의 마을에 사는 스피이쓰 부인과 붸이쓰 부인의 이름을 알려 주었단다.

엘제는 그렇게 며칠 동안 심문을 받은 뒤 재판정에 서게 되었어. 재판관은 마녀 혐의가 인정된다며 엘제에게 사형 판결을 내렸지. 그리하여 엘제는 1601년 12월 21일 마녀의 죄를 뒤집어쓴 채 화형을 당했어.

'마녀'를 사전에서 찾아보면 '마력을 지닌 여자', '여자 마귀', '악독한 여자를 비유하여 이르는 말'이라고 되어 있어. 그런데 중세 유럽에는 마녀를 '악마에게 영혼을 팔아, 초자연적인 마력을 받아 사람들에게 해를 끼치는 사람'이라고 믿었지. 이들은 빗자루를 타고 날아다니며, 마녀들의 집회에 참석하고, 어린아이를 죽여 그 피를 온몸에 바른다고 여겼어.

그리하여 교회에서는 성경『출애굽기』에 나오는 '마술을 부리는 여자는 살려 두면 안 된다.'는 구절을 인용하며, 마녀로 의심되는 사람은 이단 심문소에 넘겨 심문과 재판을 받게 했어. 이것이 이른바 '마녀 재판'이야.

처음에 마녀 재판은 교회의 가르침에 위배되는, 이단으로 의심되는 사람들을 붙잡아 심문하는 것이었어. 즉 마술을 사용하는 것이 교회의 가르침에 위배된다며 이단으로 심판을 받게 했지.

하지만 1484년 교황인 인노첸시오 8세가 마녀의 존재를 공인하고 엄단하겠다는 교서를 발표하고, 1486년 도미니크회의 수도사였던 하인리히 인스티토리스 크래머와 요하네스 슈프렝거가 『마녀 망치』라는 책을 공동으로 펴내자 '마녀 사냥'은 본격화되었어. 이들은 '마녀는 마술을 사용할 뿐 아니라 악마와 계약한 사람'이라고 주장했거든. 그래서 악마와 계약한 악마의 하수인을 찾아내어 심문을 했고, 그 증거로 마녀들의 집회에 참석했다는 자백을 받아내어 마녀로 몰아 처형했지.

중세 유럽에는 죄 없는 여자들이 마녀로 몰려 많이 죽었는데, 마녀 재판으로 희생된 여자들은 주로 젊은 여자들이었어. 결혼하지 않고 혼자 살거나 남편을 잃은 여자들이 표적이 되었지. 전염병이 돌거나 흉년이 들고 태풍이 불면 그것은 악마의 하수인인 마녀의 짓으로 여겼어. 그래서 혼자 사는 여자들이 마녀로 점찍혀 체포되었는데, 이단 심문소의 심문관에게 심문을 받았어.

일단 마녀로 점찍혀 체포되면 빠져나갈 구멍이 없었어. 이웃의 밀고나 소문만으로 붙잡혀 재판에 넘겨지면, 혹독한 고문으로 자백을 얻어내어 사형 선고를 내리는 거야. 당시 법정에서는 무죄 추정이나 상황 증거도 필요 없었어. 피고인이 자백만 하면 유죄 판결을 내렸어. 따라서 심문관에게는 자백을 얻어내는 것이 가장 중요하기 때문에 마녀 용의자를 체포하면 자백할 때까지 고문을 했어. 그래서 마녀로 인정하면 다른 마녀들의 이름을 대라고 하여 애꿎은 여자들을 모두 체포했지. 물론 심문은 가혹한 고문으로 이어져 거짓 자백을 하지 않을 수 없었어.

마녀들은 화형, 참수형, 교수형 등으로 처형되었어. 가장 흔한 방법이 산 채로 불에 태우는 화형인데, 마녀들은 그 처형 비용까지 부담해야 했어. 또한 마녀의 재산은 모두 교회가 몰수하기 때문에 교회에서는 마녀 재판에 더욱 적극적이었지. 이렇게 무시무시한 마녀 재판으로 희생당한 여자는 독일에서만 수십만 명이었고, 스페인이 가장 희생자가 많았고, 희생자는 유럽을 통틀어 100만 명이나 되었다는구나.

"마녀 재판은 너무 끔찍해요. 죄 없는 사람들을 마녀로 몰아 죽이다니요."

"고문을 하면 거짓 자백을 하지 않을 사람이 어디 있겠어요. 너무 잔인해요."

"마녀 재판이라니 무시무시해요. 난 그때 태어나지 않은 것이 천만다행이에요."

아이들은 조용히 듣고 있다가, 이야기가 끝나자 저마다 한 마디씩 했습니다.

변호사 아저씨가 물었습니다.

"너희들, 잔 다르크도 마녀 재판을 받아 죽었다는 것을 아니?"

아이들의 눈이 휘둥그레졌습니다.

"그게 정말이에요? 잔 다르크는 프랑스의 성녀 아닌가요? 어떻게 마녀로 몰려 죽었죠?"

"잔 다르크는 프랑스가 영국군의 침략을 받았을 때 '조국 프랑스를 구하라.'는 하느님의 계시를 받았지. 그래서 군대를 이끌고 나서서 영국군을 무찌르고 오를레앙 성을 구했단다. 하지만 나중에 전쟁터에서 붙잡혀 영국군에게 넘겨져 재판을 받았지. 재판관들은 잔 다르크에게 마녀라는 올가미를 씌우려고 이런저런 질문을 던졌어. '그대는 여자이면서 왜 남자 옷을 입었는가?' 하고 묻기도 했는데, 성경에서 모세는 '여자는 남자 옷을, 남자는 여자 옷을 입지 말라.'고 했거든. 따라서 이를 어기면「교회법」에서는 채찍질로 다스릴 만큼 중한 죄였지. 재판관들은 잔 다르크가 남장을 하여 하느님의 신성함을 모독했고, 성경과「교회법」을 어겼다며 그를 마녀로 몰아세워 죽였단다."

"그랬군요. 마녀 재판 다음에는 영국의 대법관이었던 토머스 모어 재판 이야기를 들려준다고 하셨죠? 부탁드려요."

마녀 재판이 성행했던 이유는 무엇일까?

마녀 재판이 많이 벌어졌던 시기는 흉년, 전쟁, 전염병 등이 유럽을 휩쓸던 중세였어요. 특히 14세기 중반에 퍼지기 시작한 페스트는 전 유럽을 절망과 공포의 도가니로 몰아넣어, 당시 유럽 인구의 3분의 1에 이르는 2500만 명 이상이 목숨을 잃었어요. 1665년 영국 런던에서만 6만 8596명이 페스트에 희생되었다고 해요.

이렇듯 극심한 재난이 닥쳤을 때 성직자들과 귀족들에 의해 희생양이 되었던 것은 젊은 여자들이었어요. 그녀들은 재난을 일으킨 악마의 하수인인 마녀로 몰려 재판을 받았기 때문이죠. 마녀 재판으로 목숨을 잃은 사람의 3분의 2 이상이 젊은 여자들이었다고 해요. 그래서 신학자들은 '여성은 남성보다 신앙심이 약하고 악마의 유혹에 쉽게 넘어간다.'고 성차별적인 터무니없는 주장을 하기도 했지요.

어떤 사회가 위기에 처했을 때 그 책임을 떠넘기고 사람들의 관심을 돌릴 희생양을 찾게 마련이지요. 성직자들과 귀족들은 죄 없는 여자들을 희생양으로 삼아 마녀로 몰아 죽였던 거예요. 따라서 당시에 마녀 재판이 성행했던 거지요.

또한 마녀 재판이 성행했던 이유 가운데 하나로 재산 몰수를 들 수 있어요. 당시에 마녀로 체포되면 모든 재산을 빼앗겼어요. 심지어 남에게 빌려준 돈까지 거두어갔지요. 마녀로 몰린 사람은 심문, 고문, 재판에 드는 비용, 감옥의 식대, 화형의 나무 값, 몸을 묶는 밧줄 값까지 부담해야 했어요. 그래서 희생자들의 재산을 빼앗기 위해 마녀 재판이 더욱 성행했다고 해요. 신성로마제국에서 1630년과 1631년 마녀의 재산 몰수를 금했는데, 두 해에 유독 마녀 재판이 급격히 줄었다는군요.

마녀라는 올가미를 씌우는 끔찍한 고문

고문은 그 종류가 다양했어요. 마녀 용의자가 계속 무죄를 주장하면 수많은 고문 도구를 보여 주며 사용법을 설명했지요. 그래도 효과가 없으면 고문을 시작했는데, 첫 번째 고문이 '물고문'이에요. 마녀 용의자의 손발을 벽의 쇠고리에 고정시킨 채 9리터쯤 물을 마시게 하는 거예요.

두 번째 고문은 '발 태우기'예요. 두 다리를 밧줄로 묶어 놓고 발바닥에 기름을 뿌려 불을 붙이는 거예요.

세 번째 고문은 '손톱 벗기기'예요. 손톱 밑에 날카로운 쇳조각을 넣어 손톱을 벗기는 거예요. 이 고문은 다른 고문들보다 자백을 얻어내는 데 효과적이라고 해요.

세 가지 고문 말고도 가장 흔하게 사용되는 고문은, 마녀 용의자의 양손을 뒤로 묶어 천장에 매단 뒤, 갑자기 바닥으로 내동댕이치는 고문이에요. 이때 다리에 무거운 물건을 매달기도 해요.

온종일 가혹한 고문을 하면 그 다음 날은 고문을 하지 않고 쉬었어요. 그것은 고문으로 만신창이가 된 마녀 용의자의 몸을 추스르게 하기 위해서가 아니었어요. 다음 고문을 앞두고 공포를 느끼게 하기 위해서였지요.

고문은 물론 마녀라는 자백을 얻어내고, 마녀들의 집회에 참석한 다른 사람들의 이름을 알아내기 위해서 행해지는 것이었어요.

⚖️ 마녀인지 아닌지 가려내는 시험

마녀라는 자백을 얻어내지 못하면, 마녀인지 아닌지 가려내는 시험을 했어요. 그 첫 번째가 '물 시험'이에요. 마녀 용의자를 바위에 매달아 물속에 빠뜨려요. 그래서 마녀 용의자가 물 위에 떠오르면 마녀이고, 물속에 가라앉아 죽으면 마녀가 아니라고 판정했지요.

또한 저울에 몸무게를 재는 '저울 시험'도 있었어요. 마녀는 몸이 가볍다고 알려져 있어서였지요. 어느 곳에서는 마녀의 몸무게를 25킬로그램으로 정해 아이들을 마녀로 인정했어요. 어느 곳에서는 천칭의 한쪽에 마녀 용의자, 다른 한쪽에 성경을 올려놓아, 성경보다 가벼우면 마녀로 인정했어요.

바늘로 온몸을 찌르는 '바늘 시험'도 있었어요. 마녀는 마법 때문에 몸의 어느 곳이 마비되어 있다고 생각해서였지요. 바늘로 찔러 반응이 없는 부위가 나오면 마녀로 인정했어요.

그리고 옷을 벗겨 몸에 상처가 있는지 구석구석 찾아보았어요. 악마에게 피를 빨리면 마녀가 된다고 여겨, 피를 빨리고 남은 상처 자국이 있는지 조사하는 거예요. 그밖에 감옥에 거미나 파리 등이 있으면 악마가 변한 것이라며 마녀 용의자를 마녀로 인정했어요.

이런 식이라면 어떤 경우든 마녀가 될 수밖에 없겠죠?

유재원 변호사와 함께 생각해 보기

 마녀 재판에 억울하게 희생된 잔 다르크

우리나라 「헌법」을 보면 "모든 국민은 헌법과 법률이 정한 법관에 의하여 법률에 의한 재판을 받을 권리를 가진다. 군인이 아닌 국민은 군사법원의 재판을 받지 아니한다.(제27조)"라고 되어 있단다. 재판이라는 것은 적법한 절차에 따라 법관(판사)에게 재판을 받는 것이지. 이런 원리는 우리나라뿐만 아니라 전 세계의 다른 나라도 마찬가지야. 법치주의라는 것은 바로 법에 따른 정당한 재판을 이야기하기도 하지.

잉글랜드의 헨리 보퍼트 추기경에게 심문을 받고 있는 잔 다르크. 이폴리트 들라로슈의 그림.

너희들, 잔 다르크라고 아니? 프랑스를 백년전쟁의 위기에서 구한 영웅 말이야. 안타깝게도 그녀는 전쟁터를 누비다가 포로로 잡힌단다. 그런데 프랑스의 성녀인 잔 다르크는 일반 법원이 아닌 종교 재판소에서 재판을 받았어. 잔 다르크는 프랑스 군인으로 적군인 영국군과 반란군인 부르고뉴군을 쳐부순 것밖에 없는데 말이야. 이런 것은 「헌법」상으로도 정당행위라고 해서 "군인이 명령에 따른 살인행위를 해도 무죄가 된다."라는 원리가 적용될 수도 있단다. 그런데 종교 재판은 전 유럽의 국교로 되어 있는 로마 가톨릭교회의 「교회법」에 위배되는 행위를 처벌할 수 있어. 특

잔 다르크의 오를레앙 포위전을 그린 그림.

히 마녀라고 낙인을 찍어서 가톨릭의 근본 정신을 침해한 자는 극형으로 처벌했지.

　잔 다르크는 변호인도 없이 무자비한 고문으로 심문 당했단다. 잔 다르크를 유죄(마녀)로 만들기 위해 무리한 종교 재판이 계속되었다고도 볼 수 있지. 모든 심문 과정은 비공개로 되어서 어떤 식으로 잔 다르크가 이야기했는지도 알 수 없었어. 아마도 잔 다르크가 적국인 영국의 법률에 따라 보통의 공개 재판이 진행되었다면 조금은 수긍이 갈 수도 있었을 거야. 또한 영국은 잔 다르크가 적군이기 때문에 '포로'로서 처우해야 했단다. 요즘에는 포로로 잡힌 적군은 모두 「국제법」을 적용받기 때문에 함부로 죽일 수 없어. 잔 다르크가 하느님의 이름을 거론하며 프랑스군의 사기를 북돋았고 그로 인

해 프랑스가 연전연승을 거둔 것이 '허황된 거짓말을 유포하고 신성을 모독한 죄'가 될까? 위기에 빠진 프랑스를 구하기 위해 목숨을 걸고 싸웠던 소녀가 과연 마녀로 처벌받아야 할까?

만약 이 종교 재판(마녀 재판)이 옳았다면 프랑스의 종교 재판소에서도 똑같이 판결을 내렸을 거야. 하지만 20여 년 뒤 프랑스에서 열린 재판에서는 예전 잔 다르크 재판이 마녀라는 증거가 전혀 없고 거짓과 모순으로 가득했다고 정면으로 부정했지. 그러고는 수백 년 동안 잔 다르크는 프랑스 사람들에게 나라를 구한 영웅이자 성녀로 추앙받았단다.

이제 적법한 재판이 왜 필요한지 알겠지? 모든 국민 아니 모든 세상 사람은 법적인 문제가 생긴 경우 판사에게 「헌법」과 법률에 따라 정당한 재판을 받아야 하는 거란다.

 요즘도 마녀 재판이 진행되고 있다?

마녀 재판에 대해 알아보니 좀 끔찍하고 섬뜩하지 않니? 누군가를 죄인으로 하자고 정해 놓고서 나중에야 증거들을 찾는 식이니 말이야. 특히 뚜렷한 물증도 없이 정황상의 증거나 본인의 말실수 등을 문제 삼아서 중범죄자로 몰아세웠던 거야. 재판이 진행되는 동안 허위 자백을 받아내서 다른 사람들에게 다시 누명을 씌우지.

이처럼 마녀 재판이 역사 속에서 두고두고 비판을 받는 것은 '다시는 되풀이되지 않아야 할 잘못된 재판들'이기 때문일 거야.

그런데 요새 다시 마녀 재판 이야기가 나오고 있지? 그래, 바로 인터넷에서야. 인터넷 악성 댓글이 난무하는 것을 보고 '현대판 마녀 사냥'이라고 이야기하는 걸 보았겠지? 어느 가수의 미국 명문대 졸업 여부 사건, 어느 MC의 세금 관련 소문 등등이야. 모두 다 뚜렷한 증거 없이 감정적으로 그 사람들을 매도하는 경우가 많았지. 처음엔 한 사람이 시작했다가 순식간에 수만 명의 사람이 동참하게 되면서 엄청나게 비화된 사건도 많아.

원래 우리 「헌법」에서는 '표현의 자유(언론의 자유)'라고 해서 누구든지 자신의 생각을 말하고 글로 표현할 수 있단다. 그런 자유를 제한하는 것은 민주적이지 않다는 생각에서였지. 그런데 언론의 자유를 맹신한 나머지 다른 사람의 명예를 훼손하거나 남을 협박하는 식으로 글을 써서는 곤란해. 특히 인터넷이라는 공간에서 한번 글을 쓰면 순식간에 전 국민이 볼 수 있기 때문에 그런 행동은 사이버 범죄에 해당할 수 있단다.

요즘 사이버 악플(인터넷 악성 댓글)이 중세의 마녀 재판과 유사한 점이 뭘까? ① 우선 뚜렷한 증거 없이 다른 사람을 추궁하고 죄인으로 몰아가는 거야. ② 또 상대방의 해명을 듣지 않고 무조건 자신의 주장만 계속하는 거야. ③ 상대방에게 명예 훼손이나 재산 침해의 결과가 생길 수 있음을 알면서도 계속 그러한 행위를 반복하지.

④ 충분한 논리적 뒷받침 없이 'ㅇㅇㅇ은 유죄'라고 자신이 판사인 양 판결을 내리고 그 대상자를 사회적으로 매장을 시키려 한단다.
⑤ 또한, 자신의 행동이 상대를 공격할 뿐 자신에게나 사회적으로나 별다른 이익이 되지 않는데도 이상한 '정의(正義)' 관념에 빠져서 그 행동을 하고 이러한 행동에 다른 사람들도 가담시키려고 선동하기도 하지. 한 사람이 강하게 주장하고 다른 많은 사람들이 가담하면서 논리와 이성은 사라지고 감정적인 공격이 되는 경우가 많아.

　그렇다면 이런 사이버 댓글 소동을 어떻게 보아야 할까. 사회적 이익(공익)을 위해 정당하게 의견을 말하는 것은 좋지만, 익명(이름을 숨기는 것)으로 활동하면서 다른 사람에게 나쁜 소문을 퍼뜨리는 것은 현대판 마녀 사냥인 거야. "ㅇㅇ은 마녀다."라고 종교 재판소에 신고했던 사람과 뭐가 다르겠니?

　현재 사이버 상에서 벌어지는 명예 훼손은 뚜렷한 공익적 목적 없이 사실을 유포하는 것도 처벌 대상이 되고 허위인 경우에는 더 중한 처벌을 받는단다. 아직 '사이버 모욕죄'가 신설되지 않아 단순히 감정적으로 "ㅇㅇㅇ은 XX 같은 사람이다."라고 한 경우 일반 모욕죄로 처벌하지만 앞으로 '사이버 모욕죄'가 생기면 더욱 중하게 처벌하게 된단다. 특히 사이버 모욕죄가 생기면 피해자의 적극적인 고소 행위가 없어도 사이버 수사대의 수사가 개시될 수도 있다는 점에 유의해야 한단다.

고문을 통해 얻은 자백은 효력이 있는가?

　마녀 재판을 보니 심문관들이 고문이라는 방식으로 죄를 추궁하지. 그럼 고문은 뭘까? 단순한 폭행과는 다른 것으로 범죄를 수사하거나 재판을 진행할 때 피고인을 마구 때리거나(拷) 고통을 주어서 죄를 묻는(問) 것을 말한단다. 고문은 당연히 안 하는 것이 좋겠지. 죄인이니까 함부로 다루어도 된다는 생각은 인간의 존엄성에 위배되는 생각이란다. 특히 죄인으로 확정되지 않은 피고인(죄가 있다고 의심되는 사람)을 가혹하게 다루는 것은 '무죄추정의 원칙(죄인을 형사 확정 판결이 있기 전에는 무죄로 보아야 한다는 것)'에 반한단다. 죄인이 아닌데 잘못 고문해서 다치기라도 하면 어떻게 하니!

　그렇기 때문에 증거재판주의가 나오는 거야. 절도죄인 경우에는 훔친 물건이 있어야 하고, 살인죄의 경우에는 피해자의 시체와 살인 도구가 나와야 하며, 뺑소니 교통사고 사건에서는 목격자(증인)의 진술이 있어야 한단다. 이런 증거가 있어야 죄인에게 죄를 묻게 되는 거지. 무작정 "너 죄인이지?"라면서 때리면 안 되는 거야.

　그런데, '마녀 재판'은 어땠니. 무작정 마녀라고 단정한 다음 고문을 해서 자백(범죄를 시인하는 것)을 받아내지 않니? 만약 진짜 마녀인 경우라고 해도 마녀인 증거를 소상하게 밝혀내지 않고 죄인을 때려서 "나는 마녀입니다."라고 실토하게 하는 것은 문제가 있단다.

　이미 근대 「형사법」 제도에서는 증거재판주의(「형사소송법」 제307

조)가 있고, 자백배제법칙(「형사소송법」 제309조)이 마련되어 있단다. 증거재판주의는 증거에 근거해서 죄를 묻는 것이고 자백배제법칙이란 피고인의 자백이 고문, 폭행, 협박, 구속 등으로 인한 경우에는 자백 자체를 증거로 쓰지 않는다는 원칙이란다. 또한 '유일증거인 자백의 배제(「형사소송법」 제310조)'는 피고인의 자백이 재판에서 유일한 증거일 때는 증거로 쓸 수 없다고 한단다.

이런 근대적인 시각에서 볼 때, 마녀 재판은 어떨까? 마녀 재판에서 마녀를 밝히는 뚜렷한 증거는 없었어. 왜냐하면 멀쩡한 사람을 마녀로 세워야 했거든. 그때 마녀가 있었다면 요즘도 마녀가 있어야 하는데, 요즘은 아예 없잖니. 그렇기에 마녀는 종교에 맹신한 사람들이 지어낸 '사탄' 같은 허무맹랑한 거란다. 애초에 마녀가 있을 리 없었던 거야. 따라서 마녀가 아닌 사람을 마녀로 만들려는데 증거가 따로 있었겠니? 역시 증거는 별로 없었어. 마당 쓰는 빗자루를 '마녀의 운송 수단'이라고 하고 수프를 끓이는 솥을 '마녀의 마법약 제조 도구'라고 넘겨짚은 것뿐이지. 그렇다면 뚜렷한 증거가 없는 상태에서 증거로 구할 것이라고는 "나는 마녀입니다."라는 말(자백)밖에는 없잖아. 그렇기 때문에 마녀 재판의 마녀들은 증거 법칙에 따라 볼 때 무죄란다. 특히 고문(拷問)을 통해서 얻은 자백이 있다거나 전체적으로 자백밖에 증거가 없다면 그런 자백들은 증거로 써서는 안 되지.

마녀 재판에서 마녀인 여자만 처벌받은 것은 아니었단다. 남자들도 마녀와 서로 소통했다고 해서 처벌받았단다. '마남(魔男)'은 아니고 '마녀의 조수'나 '마녀의 방조자'라고 처벌한 거야. 그런데 마녀라고 몰린 여자가 때로는 자기 혼자 당할 수 없다는 생각에서 평소 원한이 있는 동네 남자를 지목하기도 했다는 거야. 그러면 그 여자와 그 남자는 '마녀'와 '마녀 조수'로 동시에 처벌되곤 했지. 죄가 죄를 만들고 죄인이 죄인을 만드는 황당한 일이야.

마녀로 지목된 사람을 데리고 오면 심문관이 "너 마녀지?"라고 물었대. 대부분 아니라고 대답했겠지. 그러면 심문관은 "때려야 진실을 말하겠구먼." 하고는 막 고문을 시작했대. 할 수 없이 그 여자가 마녀라고 대답하면 심문관은 유죄로 몰고 갔단다. 유죄의 증거로서 자백을 확보했다는 식이지. 종종 끝까지 마녀가 아니라고 하는 경우도 있는데, 그때에도 심문관은 "진짜 마녀라서 마녀라고 자백하지 않는다."라면서 다른 증거를 조작해서(빗자루나 마을 사람들 증언 등등) 화형 같은 극형에 처했단다. 이것 또한 황당한 일이지.

이렇게 불합리한 마녀 재판은 역설적이게도 형사 재판 발전에 기여했단다. 마녀 재판이 잘못되었다는 것을 알게 된 법학자들이 뒤늦게 '자백배제법칙', '위법수집증거배제법칙', '유일증거인 자백배제법칙'을 만들면서 보다 합리적인 형사 재판이 되도록 개선한 것이거든. 그분들의 희생으로 불합리하고 모순된 형사 재판을 바로잡을 수 있었단다. 세상의 형사법이 누군가의 희생에서 비롯한 것이라는 점을 알게 되니 법을 다루는 사람으로서 숙연해지는구나.

네 번째 재판 토머스 모어 재판

내 수염은 반역죄를 저지르지 않았다

16세기 유럽에서 스페인이 최강국으로 군림할 때, 영국 잉글랜드를 다스린 사람은 헨리 8세였어. 그는 튜더 왕조의 왕으로, 아버지인 헨리 7세에게서 18세에 왕위를 물려받았지. 헨리 8세는 왕권을 강화하면서 군사력을 기르는 데 힘을 쏟았어. 영국 최초로 해군청을 세웠으며, 다른 나라에서 배 만드는 기술자를 불러들여 400톤급 이상의 범선을 만들었어. 이 배는 3, 4층 갑판에 대포를 달은 큰 군함이었지. 이러한 군함들로 강한 잉글랜드 함대가 만들어졌어.

헨리 8세는 한 가지 간절한 소원이 있었어. 그것은 왕위를 물려줄 아들을 얻는 것이었지. 하지만 왕비 캐서린은 딸 메리 튜더 하나만 낳고 끝내 아들을 낳지 못했어. 캐서린은 헨리 8세보다 여섯 살이 더 많았어. 이제는 나이가 들고 몸이 약해 더는 자식을 낳을 수 없었어. 헨리 8세는 애가 탔지.

'아, 나는 무슨 수를 쓰든지 아들을 얻어야 해. 왕비와 이혼하고 새 왕비를 얻어 아들을 낳아야겠다.'

헨리 8세는 마침내 이런 결심을 하고 캐서린과 이혼하려고 했어. 하지만 캐서린은 이혼에 반대했단다.

헨리 8세

캐서린은 본래 헨리 8세의 형인 아서의 아내였어. 아서가 어린 나이에 세상을 떠나자, 당시 12세의 나이였던 헨리 8세는 캐서린과 결혼했어. 그는 캐서린이 이혼에 반대하자, 그녀와 이혼할 수밖에 없는 근거를 찾아냈지. 그것은 '제 형제의 아내를 데리고 사는 것은 추한 짓이다.'라는 성경 〈레위기〉 18장 21절이었어. 즉, 형수와 결혼해서 사는 것은 성경에 어긋난다는 거야. 따라서 더 이상 죄를 짓지 않으려면 헤어져야 한다는 거야.

앤 불린

헨리 8세가 이혼을 서두르는 데는 또 다른 이유가 있었어. 당시에 그는 왕비의 시녀인 앤 불린을 사랑했지. 그래서 그녀와 결혼하여 아들을 얻고 싶었어.

그때 잉글랜드는 가톨릭을 믿고 있었어. 따라서 이혼하려면 로마 교황의 허락을 받아야 했지.

"이혼은 절대 안 된다. 하느님이 맺어 주신 짝을 왜 사람이 버리려 하는가?"

가톨릭교회에서는 이렇게 말하며 이혼을 금하고 있었어.

헨리 8세는 교황의 허락을 받아내려고 잉글랜드의 대법관인 울지 추기경을 앞세워 공작을 펼쳤어. 신학자들과 성직자들에게 돈 보따리를 바쳐가며, '헨리 8세와 캐서린의 결혼은 성경에 비추어 볼 때 무효다.'라고 주장하게 했지.

그러나 헨리 8세에게는 당시의 상황이 불리했어. 교황 클레멘스 7세는 신성 로마 제국의 황제인 카를 5세의 영향 아래 있었어. 그런데 카를 5세는 캐서린의 조카였던 거야. 카를 5세가 헨리 8세를 못마땅하게 여기고 있으니, 교황으로서도 헨리 8세와 캐서린의 결혼을 무효화해 줄 수도 없었어. 결국 로마 교황의 허락을 받아내는 일은 실패로 끝나고 말았지. 헨리 8세는 울지 추기경에게 책임을 물어 대법관직에서 쫓아냈어. 그뿐만 아니라 1529년에 '프랑스 궁전과 연락하고 있다.'며 반역죄로 체포하여 죽음으로 내몰았지.

울지 추기경에 이어 대법관에 임명된 사람은 토머스 모어였어. 모어는 대법관으로 일하면서 국민들에게 큰 사랑을 받았어. 재판관이 몰래 받기도 하던 뇌물도 거절하고 언제나 공정하게 재판을 했거든.

모어는 언젠가 이런 말을 했지.

"나는 분명히 말할 수 있다. 내가 재판관으로 나선 법정에 나의 아버지와 악마가 나란히 선다고 해도, 악마의 주장이 법에 비추어 옳다면 그가 옳다는 판결을 내릴 것이다."

한편, 모어는 헨리 8세의 이혼 문제에 대해 찬성도 반대도 하지 않았어. 그냥 입을 꾹 다물고 침묵하기만 했지. 그러나 그 침묵이 헨리 8세의 이혼에 동의한다는 뜻은 결코 아니었어.

교황이 반대한다고 해서 이혼을 포기할 왕이 아니었어. 헨리 8세에게는 토머스 크롬웰이라는 신하가 있었는데, 권력을 얻기 위해 왕에게 노예처럼 복종했던 인물이었지. 크롬웰은 "정치가는 아무도 눈치 채지 못하게 왕의 입맛에 맞춰 주어야 한다. 이것이 정치가의 의무다."라고 말할 정도였단다.

헨리 8세는 크롬웰을 통해 '국왕이 교회의 유일한 우두머리'라는 것을 영국의 성직자들이 인정하라고 명령했어. 이를 반대하면 아무리 돈 많고 높은 성직자라도 용서하지 않겠다는 거야. 이에 성직자들은 1532년 5월 15일 캔터베리 대주교회의에서 '국왕의 동의 없이는 회의 소집이나 의사 결정을 하지 않겠다.'고 선언했어.

1534년 10월에는 '국왕이 교회의 유일한 우두머리'라는 수장법이 만들어져 의회에서 통과되어, 영국 교회는 가톨릭교회의 그늘에서 벗어나게 되었지.

토머스 크롬웰

모어는 성직자들이 왕에게 항복하는 것을 보고 이튿날 왕에게 사직서를 올렸어.

"건강이 좋지 않아 직책을 수행할 수 없습니다. 대법관직에서 물러나

겠습니다."

헨리 8세는 모어의 뜻을 받아들였고, 모어는 첼시 지역에 마련한 집에서 한가하게 지내게 되었어.

헨리 8세는 이제 거칠 것이 없었어. 그는 1533년 1월에 앤 불린과 결혼했지. 그리고 5월에는 캔터베리 대주교로 임명한 토머스 크랜머로 하여금 "국왕 폐하와 캐서린의 결혼은 무효입니다. 국왕 폐하와 앤 불린의 결혼이 유효하며 합법적입니다." 하고 선언하게 했어. 이에 로마 교황은 헨리 8세를 파문했는데, 헨리 8세는 같은 달에 보란 듯이 웨스트민스터 사원에서 앤 불린의 왕후 대관식을 열었단다.

모어는 대관식에 초청받았지만 참석하지 않았어.

'이번 대관식에 참석하면, 그 다음에는 강연도 하고 글쓰기도 하라고 강요하겠지. 한번 그들이 원하는 대로 해 주면, 그 다음에는 들어주지 않을 수가 없으니까.'

모어는 이런 생각을 하여 대관식에 나타나지 않았지.

헨리 8세는 모어의 이런 처사가 괘씸하고 불쾌했어.

'내 밑에서 대법관 노릇까지 해 놓고 대관식에 코빼기도 안 보여? 어디 두고 보자.'

헨리 8세는 모어를 벌주고 싶었지만, 아무 죄도 없이 벌을 내릴 수는 없었어.

이때 헨리 8세의 심복들이 나서서 모어에 대해 뒷조사를 했지.

"모어가 대법관 시절에 뇌물을 받은 적이 있습니다. 새해 선물로 재판 당사자(관계인) 아내에게 금으로 입힌 잔을 받았어요."

모어는 헨리 8세의 심복들에 의해 뇌물 수수 혐의로 고발당해 검찰에 불려갔어.

"당신은 당사자(관계인) 아내에게 금으로 입힌 잔을 받았죠?"

조사관이 묻자 모어가 고개를 끄덕였어.

"예, 그렇습니다."

모어가 금으로 입힌 잔을 받았다고 시인하자 모두들 깜짝 놀랐어. 헨리 8세의 심복들은 이제 모어를 뇌물수수죄로 처벌할 수 있게 되었다고 기뻐했지.

모어가 다시 말을 이었어.

"소송인의 아내에게 잔을 받은 뒤, 그 잔으로 축배를 들었습니다. 그 다음에 '이 잔을 남편에게 새해 선물로 드리세요.' 하고 돌려주었습니다."

모어의 대답에 헨리 8세의 심복들은 할 말을 잊었어. 그래도 그들은 포기하지 않았지. 또 다른 사건에 모어를 끼워 넣었어.

캔터베리의 베네딕트회에는 엘리자베스 바턴이라는 수녀가 있었어. 이 수녀는 공중에 떠서 환상을 보는 것으로 유명한데, 어느 날 이런 계시를 보았다고 사제들에게 말했어.

"천사가 제 앞에 나타나서 말했어요. 왕이 캐서린 왕비를 버리고 다른 여자와 결혼하면 일곱 달밖에 살지 못한답니다."

이런 불길한 예언은 헨리 8세의 귀에까지 들어갔어.

헨리 8세는 불같이 화를 내며 소리쳤지.

"저런 못된 것이 있나! 내가 일곱 달밖에 살지 못한다고?"

헨리 8세는 불길한 예언을 퍼뜨린 수녀와 사제들을 잡아들여 반역죄로 처형했어. 헨리 8세의 심복들은 모어가 엘리자베스 수녀를 만난 적이 있다는 사실을 알아냈어. 그래서 모어도 반역죄로 처벌하려고 검찰에 고발했지.

모어는 검찰에 불려가서 말했어.

"엘리자베스 수녀를 몇 번 만난 적이 있습니다. 하지만 그 수녀와 국왕 폐하의 이혼과 재혼에 대해 이야기를 나눈 적은 한 번도 없습니다. 저는 그에게 신앙생활을 잘하라고 충고했을 뿐입니다. 그 뒤에 편지도 주고받았으니, 제가 말한 내용을 편지로 확인할 수 있습니다."

모어의 말은 모두 사실이었어. 검찰은 모어를 풀어 줄 수밖에 없었지. 이때가 1534년 2월이었어.

그런데 다음 달인 3월에 「왕위 계승법」이 의회에서 통과되었어. 이 법은 헨리 8세와 캐서린의 결혼이 무효이니, 둘 사이에서 태어난 메리 공주 대신 헨리 8세와 앤 불린 사이에서 태어난 자식이 왕위를 물려받는다는 것이었지. 헨리 8세는 「왕위 계승법」이 통과되자 성직자와 귀족들에게 이 법을 지지한다는 선서와 서명을 하도록 명했어. 그래서 이 일을 맡아서 하는 왕립위원회가 만들어졌지.

1534년 4월 13일, 모어는 램버스 궁으로 나오라는 연락을 받았어. 램버스 궁은 캔터베리 대주교의 런던 공관으로, 이곳에서 「왕위 계승법」을 지지한다는 선서와 서명을 하라는 거야.

모어는 램버스 궁에 가서 말했어.

"「왕위 계승법」이 어떤 내용인지 살펴볼 수 있을까요?"

"여기 있습니다."

모어는 「왕위 계승법」에 대한 문서를 넘겨받아 꼼꼼히 읽어 보았어. 거기에는 추가 조항이 있었어. '영국 국왕이 영국 교회의 유일한 최고 우두머리'라는 것을 인정한다는 것이었어. 그것은 로마 교황이 더 이상 영국 교회의 유일한 최고 우두머리가 아니라는 것을 인정한다는 뜻이었지.

모어는 문서를 살펴보고 나서 힘주어 말했어.

"나는 이 「왕위 계승법」에 대한 선서와 서명을 하지 않겠습니다. 그 이유는 설명하지 않겠습니다."

「왕위 계승법」에 대한 선서와 서명은 당시 모든 국민이 지닌 의무였어. 만약에 이를 거부한다면 반역죄로 체포되어 처형당할 각

오를 해야 했지.

모어는 나중에 자신이 선서와 서명을 하지 않은 이유를 이렇게 밝혔어.

"나는 로마 교황의 주권을 믿는 가톨릭 신자입니다. 따라서 나의 영혼을 영원한 파멸로 몰아넣을 선서와 서명을, 나의 신앙 양심상 도저히 할 수가 없었습니다."

이튿날 밤, 누군가 모어의 집을 찾아와 대문을 노크했어.

"누구세요?"

모어의 딸인 마거릿이 대문을 열어 주자, 낯선 사람이 문서 한 장을 품속에서 꺼내더니 큰 소리로 읽었어.

"토머스 모어 씨는 1534년 4월 17일에 런던탑으로 출두하시오."

그는 크롬웰이 보낸 사람으로, 소환장을 가져온 것이었어.

런던탑에는 여러 감옥이 있었어. 모어는 4월 17일 런던탑의 지하 감옥에 갇혔지. 헨리 8세의 심복들은 모어를 굴복시키려고 온갖 방법을 썼어. 높은 벼슬아치들을 보내 좋은 말로 회유하는가 하면, 펜과 종이를 빼앗고 책들을 압수했지. 또한 면회를 금하거나 질 나쁜 음식을 주기도 했어.

"음식이 형편없어서 어쩌죠? 저희는 상부의 지시에 따를 수밖에 없어서……."

간수는 모어에게 이렇게 말하며 미안한 표정을 지었어. 그러자 모어는 빙긋이 웃으며 유머를 잃지 않았지.

"그쪽 입장이야 내가 잘 알지요. 걱정 말아요. 내가 자꾸 음식 투정을 하면 여기서 나를 쫓아내시구려."

5월의 어느 날이었어. 면회가 허용되어 딸 마거릿이 감옥을 찾아왔지.

"아버지, 하느님은 사람의 입에서 나오는 말보다 그 마음을 더 중요하게 생각하세요. 아버지가 「왕위 계승법」에 대한 서약을 하시더라도 속마음은 전혀 그렇지 않다는 걸 잘 아실 거예요."

마거릿은 자신도 서약을 했다며 계속 아버지를 설득했어.

모어는 미소 띤 얼굴로 말없이 이야기를 듣다가 천천히 입을 열었어.

"사랑하는 딸아, 네 마음속에 이브가 들어앉아 있는 것 같구나. 너는 지금 아담에게 선악과를 먹게 하려고 유혹하는 것이냐? 네가 뭐라고 하든 내 마음은 변함이 없다."

딸이 아버지를 설득하는 데 실패하자, 이번에는 아내 앨리스가 면회를 와서 간절한 목소리로 말했어.

"정말 어이가 없어요. 당신은 지혜롭고 현명하여 모든 국민들로부터 존경과 사랑을 받던 분이잖아요. 그런데 이 더러운 감옥에서 쥐새끼들과 더불어 뒹굴고 있다니요. 당신은 이 나라의 모든 주교들과 학자들처럼 하기만 하면 돼요. 그러면 자유의 몸이 되어 외국에도 나갈 수 있고, 국왕 폐하의 신임과 은사를 받을 수 있어요. 당신한테는 첼시에 으리으리한 집과 멋진 정원, 아름다운 과수원이 있고, 사랑하는 가족과 수족처럼 부릴 종들이 있어요. 그곳에서 즐겁게 살 수 있는데, 어째서 당신은 여기서 생고생을 하고 있나요?"

모어는 말없이 이야기를 듣다가 아내에게 물었어.

"나는 지금 건강이 좋지 않소. 내가 산다면 앞으로 몇 년 동안이나 그처럼 즐겁게 살 수 있을 것 같소?"

앨리스가 대답했어.

"적어도 7년쯤은 즐겁고 행복하게 살겠죠, 뭐."

"7년이라……. 고작 7년을 더 살겠다고 영원한 생명을 잃어서야 되겠소?"

모어의 마음은 확고했어. 아무도 그의 마음을 바꿀 수 없었지.

모어는 건강이 나빠졌어. 런던탑에 갇힌 지 1년쯤 되었을 때는 지팡이에 의지해 겨우 걸어 다닐 정도였지.

1535년 7월 1일 모어는 웨스트민스터 궁전의 특별 법정으로 인도되었어. 이곳은 그가 대법관으로 근무할 때 재판을 진행하던 곳이었어. 그런데 이제는 자신이 반역죄로 재판을 받기 위해 이 자리에 선 거야.

1534년 10월 '국왕이 교회의 유일한 최고 우두머리'라는 「수장법」이 의회에서 통과되었어. 그에 따라 「수장법」을 어기면 반역죄로 처벌받을 수 있었지.

공소장에 적힌 고발 내용은, 의회가 인정한 영국 교회에 대한 왕의 수장권을 악의적으로 거부했으며, 왕의 결혼에 반대했다는 것이었어. 모어는 이에 대해 반론을 펼쳤지.

"나는 국왕 폐하의 결혼에 반대한 적이 없습니다. 그저 침묵을 지켰을 뿐입니다. 침묵에 대해 반역죄를 적용하는 것은 옳지 않습니다. 반역은 말이나 행동을 통해서나 가능하지, 침묵으로는 이루어질 수 없기 때문입니다."

모어의 반론에 대해 검찰이 반박하고 나섰어.

"침묵이야말로 법을 어긴 확실한 증거입니다. 국왕 폐하에 반대하는 시위 행위입니다."

"그렇지 않습니다. 로마법에서는 '침묵은 동의를 뜻한다.'고 하지 않습니까?"

모어가 물러서지 않고 끝까지 무죄를 주장하자 재판관들은 다급해졌어. 모어가 침묵을 깼다는 증거를 찾아야 했지.

그때 검찰총장 리처드 리치가 스스로 증인이 되었어. 리치는 6월 12일에 모어의 감방을 찾아간 적이 있었단다. 모어가 갖고 있던 책들을 내가기 위해서였지. 리치는 함께 데려간 두 사람이 책을 묶고 있는 동안 모어와 이야기를 나누었어.

법정에서 리치는 그날 모어와 무슨 이야기를 했는지 밝혔어. 리치가 공개한 내용은 다음과 같았지.

리치: 모어 경, 판사였던 당신은 학식이 뛰어나고 법에 밝으니 몇 가지만 물어보겠어요. 괜찮겠죠?

모어: 말씀해 보시지요.

리치: 만약에 의회가 나를 왕으로 인정하는 법을 통과시킨다면, 모어 경은 나를 왕으로 인정하겠어요?

모어: 인정해야겠지요.

리치: 만약에 의회가 나를 교황으로 인정하는 법을 통과시킨다면, 모어 경은 나를 교황으로 인정하겠어요?

모어: 그 질문에 답하기 전에 내가 리치 경에게 한 가지만 물어보겠어요. 만약에 의회가 하느님은 하느님이 아니라는 법

을 통과시킨다면, 리치 경은 하느님을 하느님이 아니라고 말하겠어요?

리치: 그렇게 말할 수야 없지요. 그럼 내가 한 가지만 더 묻겠습니다. 의회가 우리 왕을 교회의 수장으로 인정하는 법을 통과시켰는데, 당신은 나를 왕으로 인정하겠다면서 우리 왕은 왜 교회의 수장으로 인정하지 않는 거죠?

모어: 경우가 다르지요. 의회는 왕을 임명하거나 해임할 수 있습니다. 하지만 교회의 수장은 의회에서 임명하거나 해임할 수 없지요. 그것은 하느님이 알아서 하실 일이거든요.

리치의 증언대로라면 모어는 반역죄를 범한 셈이었어.

그러나 모어는 손사래를 치며 말했어.

"거짓말하지 말아요. 내가 언제 그런 말을 했습니까? 나는 리치 경을 믿을 만한 사람으로 생각하지 않았어요. 그런데 내가 당신과 그런 어마어마한 이야기를 나누었겠습니까? 만약에 당신의 말이 사실이라면 나는 앞으로 하느님의 얼굴을 똑바로 바라보지 않겠습니다."

모어가 강하게 부인하자, 오들리 대법관은 6월 12일 모어의 감방에 함께 갔던 두 사람을 불렀어.

"저는 책을 묶고 옮기느라 두 분의 대화 내용을 거의 듣지 못했어요."

"저도 마찬가지예요. 단 한 마디도 귀담아듣지 못했어요."

현장에 있었다는 두 사람의 증언은 모어와 리치의 대화를 거의 듣지 못했다는 거야. 그런데도 모어의 유죄 판결로 이미 결론이 나 있었는지, 배심원들은 겨우 15분 만에 모어에게 유죄를 선언했어.

이윽고 오들리 대법관이 반역죄의 유죄가 내려진 모어에게 형량을 포함하여 최종 판결을 내렸지.

"피고인 토머스 모어에게 반역죄로 사형을 선고합니다."

웨스트민스터 궁전의 특별 법정에서 재판이 끝나자, 모어는 런던탑으로 향했어.

런던탑의 경비대장은 윌리엄 킹스턴 경이었어. 그는 모어를 마음속으로 존경해 왔는데, 모어를 호송하며 흐르는 눈물을 감추지 못했지.

호송 행렬이 런던탑 정문에 다다랐을 때였어. 정문에서 기다리고 있던 아들 존과 딸 마거릿이 군중을 헤치고 앞으로 다가왔어.

"아버지!"

존은 눈물을 흘리며 모어 앞에 무릎을 꿇었어. 모어는 아무 말 없이 아들을 얼싸안았지.

"아버지!"

마거릿이 울부짖으며 모어를 꼭 끌어안고 그 뺨에 입을 맞추었어. 모어는 마거릿의 등을 두드리며 위로의 말을 했어.

"울지 마라. 모든 것을 참고 견뎌야 한다. 하느님의 뜻이다."

모어는 런던탑의 감옥으로 돌아와 딸에게 마지막 편지를 썼어.

세상에서 가장 사랑하는 내 딸아. 잘 있어라. 오직 나를 위해 기도해 주렴. 이 다음에 하늘나라에서 즐겁게 만나자.

모어는 딸이 세탁해 주었던 모직 셔츠를 편지와 함께 보냈어.

1535년 7월 6일 아침, 모어는 런던탑에서 나와 사형 집행장으로 향했어. 낡은 외투를 입고 손에는 빨간 십자가를 쥐고 있었지.

사형 집행장에 도착한 모어는 단두대 위로 올라가기 전에도 유머를 잃지 않았어.

"여보게. 내가 안전하게 오를 수 있게 도와주게. 내려올 때는 나 혼자 내려올 테니 말이야."

모어는 단두대에 올라 사형 집행인을 끌어안았어. 그리고 그에게 관례대로 금화를 주며 이렇게 말했지.

"내 목이 아주 짧으니 조심해서 자르게. 그리고 내 수염은 반역죄를 저지르지 않았으니 잘라선 안 되네."

모어는 자신이 가져온 천으로 스스로 눈을 가리기 전에 군중에게 몇 마디 말을 남겼어.

"여러분, 나를 위해 기도해 주십시오. 나도 다른 세상에서 여러분을 위해 기도하겠습니다. 그리고 여러분의 왕을 위해서도 기도해 주십시오. ……나는 왕의 좋은 신하로 죽습니다. 그러나 무엇보다 하느님의 종으로 죽습니다."

모어는 단두대의 이슬로 사라졌어.

긴 수염이 달린 그의 머리는 창에 꽂힌 채 런던탑 옆에 몇 주 동안 걸려 있었어. 그즈음 장마가 든 듯 날마다 비가 내려, 사람들은 이 비를 '하느님의 눈물'이라고 중얼거렸단다.

"역사 속에는 억울하게 재판을 받아 목숨을 빼앗긴 사람들이 참 많은가 봐요. 토머스 모어도 결국 형장의 이슬로 사라졌네요."

덩치가 큰 남자아이인 고을이가 이야기했어요.

보라가 맞장구를 쳤습니다.

"정말 그래요. 토머스 모어는 유머 감각이 뛰어난 사람인가 봐요. '내 수염은 반역죄를 저지르지 않았으니 잘라서는 안 된다.'고 말하잖아요."

변호사 아저씨가 고개를 끄덕였습니다.

"그렇구나. 사형을 당하는 순간에도 유머를 잃지 않았으니 참 대단하지?"

⚖️ 목숨 걸고 신념을 지킨 토머스 모어(1477~1535)

토머스 모어는 영국 런던에서 법관의 아들로 태어났어요. 1492년에 옥스퍼드 대학교에 들어가 2년 동안 공부했고 1494년에는 아버지의 뜻을 따라 런던에서 법률 공부를 했어요. 2년 뒤에는 링컨 법학원에 들어가 1501년 정식으로 변호사가 되었지요.

토머스 모어는 사제직에도 뜻을 두고 4년 동안 카르투지오 수도회에서 머물렀어요. 하지만 평신도로 남는 것이 신과 인간 모두에게 봉사하는 최선의 길이라는 생각이 들어 법률가의 자리로 돌아왔답니다. 그는 1505년 하원 의원에 당선되어 정계에 첫발을 내디뎠어요. 그 뒤 왕립 법학원 감독관, 추밀원 의원, 재무부 차관, 하원 의장 등을 거쳐 1529년 대법관의 자리에 올랐지요.

그러나 그는 헨리 8세의 이혼 문제가 터지고 영국의 성직자들이 '영국 국왕이 교회의 유일한 최고 우두머리'라는 것을 인정하자 대법관직에서 스스로 물러났어요. 그 뒤 1534년 '국왕이 교회의 유일한 최고 우두머리'라는 「수장법」을 거부했다는 이유로 체포되어, 반역죄로 사형 선고를 받아 이듬해 7월 6일 단두대의 이슬로 사라졌어요.

⚖️ 사형 제도는 꼭 필요한가?

지금으로부터 400년 전, 제임스 1세가 영국을 다스릴 때의 일이에요. 아치 암스트롱이라는 남자가 염소를 훔친 죄로 사형을 선고

받았어요. 그는 국왕의 명령이 떨어지면 형장의 이슬로 사라질 운명이었지요. 암스트롱은 어느 날 국왕에게 청원했어요.

"성경이 영어로 번역되었다고 들었습니다. 죽기 전에 성경이나 읽게 해 주십시오."

국왕은 암스트롱의 청을 받아들였어요. 그래서 그에게 성경을 주며 간수에겐 성경을 다 읽기 전에는 사형 시키지 말라고 명했지요.

그날부터 암스트롱은 성경을 읽기 시작했어요. 그런데 성경의 뜻을 새겨 가며 읽겠다고 하루에 한 줄만 읽는 것이었어요. 이런 식으로 성경을 읽는다면 몇백 년이 지나도 성경을 다 읽지 못할 것이었어요. 국왕은 간수에게 보고를 받고 이런 명령을 내렸답니다.

"꽤 머리가 좋은 도둑이로구나. 정말 죽이기 아까운 녀석이다. 성경은 300년 동안 읽기로 하고, 암스트롱을 가석방시켜 궁전에서 지내도록 하라."

이리하여 암스트롱은 사형도 면하고 궁전에서 살았다고 해요.

영국이 사형 제도를 없앤 것은 1965년이라고 해요. 아내를 죽였다는 혐의로 한 사형수를 사형시켰는데, 나중에 진범이 붙잡혔다는 거예요. 그때부터 잘못된 판결로 사람을 죽일 수 있다며 사형 제도를 없앴다고 해요.

모어는 잘못된 법과 판결로 형장의 이슬로 사라졌어요. 당시 잉글랜드는 법치 국가라 해도 법은 왕의 밑에 있었어요. 언젠가 농민들의 반란이 일어났을 때 헨리 8세는 용서해 주겠다고 약속하고는, 그들을 붙잡아 모조리 사형에 처해 버렸지요. 당시 잉글랜드는 '왕의 명령이 곧 법'인 전제 정치에서 벗어나지 않았기 때문이었죠.

전제 정치이든 법에 따른 정치이든 사형 제도는 어느 나라에나 있었어요. 그러다가 영국·독일·프랑스 등 많은 나라들이 사형 제도를 없앴고, 지금은 우리나라를 비롯하여 미국·일본 등 83개국에만 사형 제도가 남아 있답니다.

사형 제도를 찬성하는 사람들은 사형 제도가 국민들에게 겁을 주어 범죄를 막을 수 있는 효과가 크다고 해요. 그리고 사회의 질서를 유지하려면 사형 제도가 필요하고, 흉악한 범죄를 저지른 사람들의 목숨을 빼앗아 사회적 정의가 살아 있음을 보여 주어야 한다고 주장하지요. 그러나 사형 제도를 반대하는 사람들은 소중한 인간의 생명을 빼앗아선 안 된다고 해요. 또한 사형 제도는 죄를 지은 사람들이 새 사람이 되는 기회를 없애는 것이고, 잘못된 판결로 억울한 사람이 목숨을 잃을 수도 있다고 해요.

여러분은 사형 제도에 대해 어떻게 생각하나요?

보통법재판소와 성실(星室)재판소

잉글랜드의 사법 체계가 자리 잡힌 것은 12세기인 헨리 1세와 헨리 2세 때였어요. 이때 왕국 전체에 보편적으로 적용되는 법이 만들어졌는데, 이를 「보통법」이라고 해요. 헨리 2세 때는 배심원 제도가 마련되었으며, 이를 계기로 전문 지식을 지닌 법률가가 탄생했어요. 이들은 법학원에서 교육을 받아 법률가가 되었답니다.

당시 잉글랜드의 정규 재판은 보통법재판소에서 이루어졌어요. 일반 국민이 민사 소송을 제기하려면 상급관리에게 영장을 받아야 했어요. 영장은 당사자들이 출석한 법정에서 그 사건을 재판할 것을 명령하는 문서였죠. 형사 사건에서는 의무적으로 배심 재판이 이루어졌고, 법관과 변호사가 재판에 참여했지요.

그런데 15세기에 와서는 엄격한 법조문이나 판례보다는 형평의 원리에 따라 판결이 내려지는 상서청 법원(대법원)이 설치되었어요. 국왕 자문회의 위원인 상서경(대법관)이 주재하는 법원이었지요. 15세기 잉글랜드의 보통법재판소는 재판 형식이 엄격하고 그 절차가 까다로웠어요. 게다가 비용이 많이 들고 배심원 제도가 악용되어 무고한 사람이 피해를 입거나 범죄인이 벌을 면하는 경우가 많았답니다. 그래서 재판에서 억울함을 당한 사람들을 위해 마련된 것이 상서청 법원이었어요. 이들이 국왕이나 국왕 자문회의에 청원하면 곧 재판이 이루어졌지요.

헨리 7세와 헨리 8세 때는 성실재판소가 생겨나 크게 활동했어요. 성실재판소는 '성실청' 또는 '성실법원'이라고도 하는데, 웨스트민스터 궁전의, 천장에 별이 그려진 방에서 재판이 열려 붙여진 이름이에요. 성실재판소는 대법관과 국왕 자문회의 대표들로 구성되었어요. 보통법재판소에서 다루기 어려운 형사 사건을 맡았지요.

성실재판소는 보통법재판소와 재판 절차가 달랐어요. 재판은 원고의 소장이나 약식 기소로 시작되었으며, 배심원 제도도 두지 않았어요. 증인들의 증언과 증거 수집 등으로 공정하고 신속하게 재판을 진행했지요.

성실재판소는 헨리 8세 때 큰 호응을 얻었지만, 17세기 찰스 1세 때에 와서 정적을 탄압하거나 청교도를 억압하는 수단으로 전락하여 백성들의 원성이 높았어요. 허위 자백을 받아내려고 고문을 허용했기 때문이에요. 그리하여 성실재판소는 1641년에 폐지되고 말았답니다. 아무래도 국민들은 배심원과 판사로부터 「보통법」에 따른 재판을 원했던 것이지요.

추밀원과 잉글랜드 의회

헨리 8세는 1509년 왕위에 올라 1547년까지 40년 가까이 잉글랜드를 다스렸어요.

헨리 8세의 전반기 20년 동안 잉글랜드 정치를 이끈 것은 울지 추기경이었어요. 그는 헨리 8세의 국왕 자문회의 위원이자 대법관으로 법정과 상원을 지배할 수 있었어요. 울지는 헨리 8세의 총애를 받으며 막강한 권력을 누렸는데, 의회와는 담을 쌓고 지냈어요. 1523년 프랑스와의 전쟁을 앞두고 자금을 마련하기 위해 의회를 한 번 소집했을 뿐이에요. 그 뒤에는 권좌에 앉아 있는 동안 의회를 소집하지 않았어요.

의회는 왕의 돈줄을 쥐고 있었어요. 의회의 승낙 없이는 함부로 세금을 거두어들일 수 없었기 때문이에요. 하지만 헨리 8세 때는 헨리 7세가 중상주의 정책으로 국가 재정을 불려나가, 헨리 7세로부터 물려받은 100만 파운드의 재산이 있었어요. 이렇게 왕실 재정이 탄탄하니 의회의 눈치를 볼 필요가 없고, 자연스레 의회를 소집하지 않았던 거지요.

그러나 울지가 권좌에서 쫓겨나고 토머스 크롬웰이 왕의 오른팔이 되면서 상황이 달라졌어요. 크롬웰은 헨리 8세의 이혼을 위해 의회를 이용하기로 했어요. 그래서 헨리 8세의 이혼을 반대하는 로마 가톨릭교회로부터 잉글랜드 교회를 독립시키는 「수장법」을 만들어 의회에서 통과시켰지요. 그뿐만이 아니었어요. 헨리 8세와 크롬웰은 국왕의 권력을 강화하고 나라의 부를 늘리기 위해 잉글랜드 교회의 재산을 몰수하기로 했어요. 당시에 잉글랜드 교회는 잉글랜드 전체 토지의 3분의 1에 이르는 엄청난 토지 재산을 소유하고, 수많은 돈을 거두어들여 국민들의 원성이 높았거든요. 따라서 크롬웰은 의회를 통해 교회의 수도원 해산을 결정하여 그 재산을 몰수하고, 성직자들에게 세금을 거두어들임으로써 백성들의 지지를 얻고 왕권을 강화할 수 있었어요.

헨리 7세 때부터 국왕의 손발이 되어 정치를 주도한 것은 국왕 자문회의였어요. 자문회의는 추밀원, 성실재판소 등으로 이루어져 있었는데, 국왕의 자문 기관으로서 정치 기능과 사법 기능을 맡았어요. 헨리 8세 때 크롬웰이 실권을 잡으면서 추밀원을 더욱 강화하여 명실공히 국가 기관으로 키웠어요. 추밀원 안에는 지금의 장관에 해당하는 집행 관리직을 두어, 15~20명에 이르는 이들이 예전에 왕실 고위 관리들이 수행하던 업무를 맡았어요. 그리하여 추밀원은 잉글랜드 최고의 행정·사법 기관으로서 강력한 지도력을 발휘했답니다. 추밀원은 근대 내각의 기원이 되었다고 해요. 그러나 추밀원은 17세기 이후 내각 제도의 발달로 국왕의 실권이 약해지면서 형식적인 기관이 되었어요.

유재원 변호사와 함께 생각해 보기

 양심과 사상의 자유는 왜 필요한가?

누구나 자유롭게 생각하고 스스로의 양심에 따라 행동할 수 있단다. 어쩌면 당연한 이야기 같지만, 이런 '양심의 자유'가 세계 각국의 「헌법」에 반영된 것은 그리 오래된 일이 아니야. 「대한민국헌법」 제19조도 "모든 국민은 양심의 자유를 가진다."라고 해서 국민들이 내면으로 생각하는 것에 대해 국가가 침해할 수 없다고 선언했지. 모든 국민은 어떤 생각이든 자유로이 하고 그에 따라 행동할 수 있는 거야. 이것이 바로 양심의 자유(사상의 자유)로서 침해가 불가능한 절대적 기본권이라고 불린단다. 물론 그 생각에 따라 행동을 하다가 국가의 질서를 어지럽히거나 다른 사람의 권리를 침해하면 법에 따라 제지될 수 있지. 군대와 전쟁을 싫어하는 개인의 생각은 보호해 줄 필요가 있지만, 그것을 이유로 병역을 기피하는 행동은 허용되지 않아.

그런데 토머스 모어의 재판을 듣고 나니 어떤 생각이 드니? 토머스 모어가 과연 반역죄를 저지른 것일까? 내가 말한 양심의 자유라는 것을 보면, 토머스 모어의 행동은 지극히 양심의 자유에 따른 것이지 않니? 토머스 모어는 헨리 8세가 로마 교황청을 탈퇴해서 영국국교회를 만드는 것에 대해 반대하는 생각을 가졌어. 하지만 누구의 의견도 비판받을 수가 있는 만큼 토머스 모어가 반대의 입장을 가졌다는 것은 문제가 안 돼. 만약, 토머스 모어가 그러한 양심을 넘어서서 '국왕퇴진운동'을 벌였거나 '쿠데타(군사혁명)'를 일으켰다면 헨리 8세로서는 토머스 모어를 '반역죄'로 처단할 수도 있겠지만 말이야. 모어가 법정에서 이야기했듯이 로마의 법언상 "침묵은 긍정을 뜻한다."라고 해석한다면, 모어가 가만히 있었던 것은 헨리 8세로서는 '반역'으로 이해해서는 안 된단다. 왜 모어의 생각을 국가나 왕이 통제를 해야 하니? 그건 말이 안 되는 거지.

 만약, 사상의 자유까지도 국가가 통제하려 하면 어떻게 될까? 그러면 국가 권력을 가진 사람들은 그 반대파를 제압하기 위해 "넌 평소 우리나라에 반역할 마음을 가지고 있었어. 그렇지?"라고 추궁할 거야. 간혹 그런 마음을 가지고 있었다고 해도 행동으로 하지 않으면 아무런 문제가 없는 건데도. 국가는 마구 공권력을 휘둘러서 그런 사람들을 색출할 거란다. 실제로 미국에서는 1950년대에 매카시라는 국회의원이 "자유민주주의 국가인 미국에 소련 공산당 세력이 있다."라고 한 이후, 많은 사람들이 공산주의자로 몰려서 고초를 받았단다. 실제로 공산당 활동을 하지 않은 사람들(찰리 채플린도 포함)까지 모조리 형사 재판을 받았지. 역사에서는 그것을 '매카시 광풍(狂風)'이라고까지 폄하하고 있단다.

 자, 너희들은 이제 양심의 자유, 사상의 자유를 보호해야 할 필요성을 느꼈겠지? 어쩌면 토머스 모어의 위대한 희생으로 우리가 양심의 자유를 보장받게 된 것이기도 하단다.

 사형 제도는 필요한 것인가?

범죄에 대한 처벌을 다루는 「형법」은 크게 '범죄'와 '형벌'에 대해 다룬단다. 짧게 말해서 「형법」은 죄(罪)와 벌(罰)에 관한 것이야. 그렇기에 전 세계 어느 나라의 경우에도 「형법」은 죄(절도죄, 폭행죄, 살인죄 등)와 벌(사형, 징역형, 금고형, 벌금형 등)을 마련하고 있지.

세상에서 가장 중한 범죄는 살인죄일 거야. 사람의 생명은 존귀한 것이며 무엇과도 바꿀 수 없는 것이기 때문이란다. 그럼 가장 중한 형벌은 뭘까? 그래, 범죄자의 목숨을 빼앗는 사형이란다. 현재 세계의 많은 나라들이 사형을 최고형(극형)으로 규정하고 있지.

그런데 사형은 필요한 것일까? 여기에 대해서는 오랜 기간 동안 논쟁이 계속 되고 있어. 미국에서도 어느 주에서는 사형을 안 하고 어느 주에서는 사형을 하고 있단다. 우리나라, 일본 같은 나라는 사형을 하고 독일, 프랑스 등의 나라는 사형을 안 하고 있지.

사형존치론자들은 ① 형벌의 목적이 범죄 행위에 대한 응보(보복)라는 성격도 있기 때문에 중범죄자는 사형이라는 죗값을 치러야 한다고 생각해. 또한 ② 사형이라는 것이 있어야 중범죄자들이 자신의 목숨을 두려워해서 더 큰 범죄를 저지르지 않는다고 하지. 실제로 사형이 집행되면 일반적으로 중범죄율이 떨어진다는 연구도 이를 뒷받침한단다. ③ 이처럼 사형이라는 것은 국가(모든 국민)가 정의의 이름으로 범죄자의 생명을 박탈하는 것이라서 나름의 가치가 있다고 하는 거야.

그 반면, 사형폐지론자들은 ① 형벌은 범죄자의 교화라는 특별예방적인 기능도 하는데 사형은 전혀 교화의 수단이 되지 못한다는 것을 지적해. ② 또한 중범죄자라고 하여 이 사람을 죽인다면 지구에서 소중한 생명을 또 하나 없애는 결과를 가져온다고도 하지. ③ 만약, 무고하게 재판을 받아서 사형이 집행된다면 나중에 그 피해를 돌이킬 수 없게 된다고 주장한단다. 실제로 사형을 당한 사람 중에는 역사상 위인도 많았거든. ④ 어느 연구 결과에서는 사형 집행이 범죄율과 그다지 큰 관련이 없다는 주장도 제기되고 있단다. 이처럼 사형이라는 것은 무익한 것으로 무기징역 등의 다른 형벌이 효과적이라고 하는 주장이란다.

여러분의 생각은 어때? 우리나라는 사형 제도가 남아 있는 국가이지만 김대중 정부부터 사형 집행을 하지 않았단다. 이런 상황에서 사형 제도를 아예 폐지하라는 주장도 있고 이미 사형 판결을 받은 사형수들(강호순, 유영철 등)에 대해 사형을 집행해야 한다는 주장도 있어. 앞으로 여러분들이 성인이 되면 이런 문제에 대해 신중하고 현명한 견해를 내면 좋겠구나.

> 다섯 번째 재판 **찰스 1세 재판**

재판 받고 사형 당한 최초의 왕

'어린이 로스쿨'이 벌써 3주째를 맞이했습니다. 첫 주에는 법이 무엇인지 배웠고, 둘째 주에는 생활 속의 법에 대해 배웠습니다. 그리고 3주째인 오늘은 법원에서 무슨 일을 하는지 배울 차례입니다.

"이런 이야기가 있어. 어느 마을에 사는 부자가 가방을 잃어버렸어. 그런데 가방에는 무려 1억 원이나 되는 큰돈이 들어 있었지. 부자는 마을 사람들에게 '내 가방을 찾아준 사람에겐 3천만 원을 주겠어요.' 하고 약속했어. 그런데 어느 총각이 숲에서 부자가 잃어버린 가방을 찾은 거야. 부자는 가방을 찾아 기뻤지만, 이내 떨떠름한 표정을 지었어. 총각에게 3천만 원을 주는 것이 아까웠거든. 그래서 그는 가방에서 3천만 원이 부족하다며 억지를 부렸단다. 총각은 기가 막혔지. 부자가 자신을 도둑으로 몰았으니 말이야. 총각은 가방을 열어 보지 않았다며 부자와 옥신각신 싸웠단다. 그러다가 결국 법원으로 가게 되었지."

변호사 아저씨는 여기까지 이야기하고 잠시 아이들을 둘러보았습니다. 아이들은 흥미로운지 딴전을 부리지 않고 귀를 쫑긋 세우고 있었습니다. 아저씨는 계속 말을 이었습니다.

"재판관은 슬기로운 사람이었어. 누구 말이 옳고 그른지 금방 알아차렸지. 그래서 이런 판결을 내렸단다. '가방에 1억 3천만 원이 들어 있다고 하는 걸 보니 이 가방은 부자의 것이 아니구나. 총각은 가방 주인이 나타날 때까지 가방을 갖고 있어라. 6개월이 지나도 주인이 나타나지 않으면 가방은 총각 것이 된다.' 어떠니? 욕심 사나운 부자 때문에 총각이 억울한 일을 당할 뻔했지? 이럴 때 재판을 통해 공정한 판결을 내려주는 곳이 바로 법원이야. 법원은 이처럼 사람과 사람 사이의 다툼을 해결해 주고, 법을 어긴 사람들을 심판하는 역할을 하고 있어. 법원이 있기 때문에 사회 질서가 유지될 수 있단다."

변호사 아저씨는 예를 들어가며 법원에서 무슨 일을 하는지 알기 쉽게 설명했습니다.

별별이는 변호사 아저씨의 강의가 어서 끝나기를 기다렸습니다. 오늘은 재판 이야기를 맨 나중에 들려주기로 했기 때문입니다.

드디어 강의가 끝났습니다. 변호사 아저씨는 재판 이야기를 시작했습니다. 찰스 1세 재판 이야기였습니다.

1638년, 스코틀랜드에서 벌어진 일이야. 어느 날, 스코틀랜드 사람들은 발끈했어.

"뭐? 잉글랜드의 기도 책을 우리 교회의 예배에서 사용해야 한다고? 어이없네. 우리한테는 우리만의 예배 의식이 있는데, 왜 자기네 예배 의식을 우리한테 강요하는 거야?"

"찰스 1세의 명령을 그대로 따를 필요 없어. 앞으로는 우리 교회에 간섭하지 말라고 요구하자고."

스코틀랜드 교회에 잉글랜드의 기도 책을 사용하라고 명령한 것은 잉글랜드의 왕 찰스 1세였어. 스코틀랜드 사람들은 이 명령을 받고 그해 11월에 스코틀랜드의 글래스고에서 '장로교 총회'를 열었어. 이들은 이 총회에서 '찰스 1세의 명령에 복종하지 않겠다.'고 결정했지.

찰스 1세는 이 소식을 듣고 화가 머리끝까지 났어.

"영국 전체를 지배하신 내 아버지 제임스 1세는 스코틀랜드 왕으로 엘리자베스 1세에 이어 잉글랜드 왕이 되어, 스코틀랜드와 잉글랜드의 통합 왕을 지내셨다. 그런데 그 왕위를 물려받은 나의 명령을 감히 거절해? 이는 나에 대한 도전이다. 그냥 내버려 둘 수 없어."

찰스 1세는 스코틀랜드를 치기로 마음먹었어. 그래서 1639년 잉글랜드 군대를 소집해 국경 지역으로 보냈지. 그러나 잉글랜드 군대는 사기가 땅에 떨어져 있었어. 그리고 자금이 부족해 무기를 비롯하여 전쟁을 치를 만한 여건이 되지 못했어.

'이 어려운 상황이라면 전쟁을 해 봐야 질 것이 뻔하다.'

이렇게 생각한 찰스 1세는 스코틀랜드 진격을 포기하고 스코틀랜드와 강화 조약을 맺었어.

그런데 이듬해에 그는 스코틀랜드에 대한 정보를 입수했어.

'스코틀랜드가 우리 잉글랜드를 치려고 프랑스와 동맹을 맺으려 한다고? 여우처럼 간교한 것들……. 그들이 왜 우리와 강화 조약을 맺었는지 이제야 알겠다. 일단 우리를 안심시켜 놓고 시간을 벌기 위한 수작이었어.'

찰스 1세는 분하여 얼굴이 붉으락푸르락했어.

'이것들이 프랑스와 손잡기 전에 우리가 먼저 손을 써야 한다. 스코틀랜드로 쳐들어가는 거야.'

스코틀랜드와의 전쟁에서 승리하려면 자금을 마련해 병력을 늘려야 해. 자금을 마련하려면 의회를 열어 의원들로부터 승인을 받아야 하고. 찰스 1세는 1629년 의회를 해산한 이래 11년 동안 한 번도 의회를 열지 않았어. 의회를 거치지 않고 국민들에게 온갖 세금을 거두어들였으며, 세금을 내지 않는 사람들은 감옥에 가두거나 재산을 압류했지.

잉글랜드에는 13세기부터 시작된 의회 제도가 있었어. 의회는 상원과 하원 의원들로 이루어졌고, 법을 만들거나 세금을 거두어들이는 일은 의회의 승인을 받아야 했어. 따라서 자기 맘대로 나라를 다스리고 싶어 하는 왕들은 번번이 의회와 맞설 수밖에 없었지.

제임스 1세와 찰스 1세는 '왕권은 신으로부터 부여받았으므로 법 위에 존재한다. 왕은 자기 맘대로 할 수 있으며, 백성들은 왕을 절대로 복종해야 할 의무가 있다.'고 믿었어. 이것을 '왕권신수설'이라고 해. 찰스 1세는 왕권신수설을 믿고 절대 왕권으로 나라를 다스리려고 했지. 그래서 왕위에 오르자마자 의회의 승인 없이 백성들로부터 세금을 마구 거두어들였어. 그리고 자신은 사치스러운 생활을 했지.

　의회에서는 찰스 1세의 왕권 행사를 그대로 지켜볼 수 없었어. 그래서 1628년 왕에게 '권리 청원'을 하기에 이르렀지. 권리 청원은 왕에게 '의회의 승인 없이 세금을 거두지 말 것. 정당한 사유 없이 국민을 마음대로 체포하지 말 것. 집주인의 허락 없이 군인들을 민가에 머무르게 하지 말 것. 평화 시에는 계엄령을 선포하지 말 것.' 등 네 가지 요구 조건이었지.

　찰스 1세는 마지못해 권리 청원을 승인했는데, 의회와 약속은 오

래가지 못했어. 그는 이듬해에 의회를 해산하고 예전처럼 제멋대로 나라를 다스린 것이었어. 약속을 일방적으로 깬 거야.

이후 11년이 지난 1640년 4월 13일, 찰스 1세는 다시 의회를 소집했어. 스코틀랜드와의 전쟁에 필요한 자금을 얻기 위해서였어. 그러나 의원들은 전쟁에 반대하고 나섰지.

"전쟁을 하려면 엄청난 돈이 있어야 합니다. 국가 재정도 어려운데 왜 쓸데없이 그런 일에 돈을 낭비합니까?"

찰스 1세는 의원들의 거센 반대에 부딪히자 또 의회를 해산해 버렸어. 이번 의회는 3주 만에 문을 닫았기 때문에 역사에서는 '단기 의회'라 부른단다.

찰스 1세는 전쟁 자금 마련에 실패했지만 스코틀랜드와의 전쟁을 포기하지 않았어. 그는 곧 군사를 일으켜 스코틀랜드 군대와 전투를 벌였지. 스코틀랜드 군대는 예상보다 강했어. 잉글랜드 군대를 잇달아 물리쳤으며, 노섬벌랜드와 더럼 지역 전부를 점령했어.

찰스 1세는 당황했지. 전쟁을 오래 끌다가는 나라 전체가 스코틀랜드의 손아귀에 들어갈 판이었거든. 찰스 1세는 허둥지둥 스코틀랜드와 휴전 협상에 들어갔어. 그래서 스코틀랜드에게 엄청난 액수의 배상금을 주기로 하고 강화 조약을 맺었지. 하지만 배상금을 마련할 방법이 없었어. 별수 없이 의회를 소집하여 돈을 달라고 호소할 수밖에 없었어. 그리하여 1640년 11월 의회가 열렸지.

의원들은 이 기회를 놓치지 않았어. 일제히 목소리를 높이며 왕에게 이렇게 요구했어.

"의회는 3년에 한 번씩 열리도록 법으로 정해야 합니다. 의원들의 승인 없이 국왕이 의회를 해산할 수 없다는 법도 통과시켜야 합니다."

찰스 1세는 의원들의 눈치를 봐야 할 형편이었어. 그들의 요구를 받아들이기로 했지. 그뿐만이 아니었어. 의원들은 찰스 1세의 심복 신하인 스트래퍼드 백작을 반역죄로 체포했어.

"스트래퍼드 백작은 오랫동안 아일랜드 총독을 지냈습니다. 그는 아일랜드 군대를 동원해 우리 잉글랜드를 공격하려 합니다."

스트래퍼드 백작이 반역죄를 저질렀다는 증거는 없었어. 그런데 의원들은 증거가 없어도 처벌할 수 있는 법을 만들어 의회에 통과시킨 뒤, 찰스 1세에게 반역죄를 저지른 스트래퍼드 백작의 사형 선고문에 서명하라고 요구했어. 의회 의원들이 작정하고 국왕을 압박한 거야.

찰스 1세는 이번에도 의원들의 요구를 들어주었어. 그리하여 스트래퍼드 백작은 1641년 5월 런던탑에서 참수형을 당하고 말았지.

찰스 1세는 나라가 안정을 되찾길 원하기 때문에 의원들의 요구를 들어주었던 거야. 그런데 그가 더 이상 참을 수 없는 사태가 벌어졌어. 찰스 1세의 왕비 앙리에타는 가톨릭교도인데, 존 픾을 비롯한 몇몇 의원들이 왕비를 탄핵하려고 했어. 아일랜드에서 반란이 일어났는데, 왕비가 여기에 관련되어 있다는 소문이 있었거든.

1642년 1월 4일 찰스 1세는 존 픾 등 여섯 명의 의원을 체포하려고 군대를 이끌고 웨스트민스터 궁전으로 쳐들어갔어. 그러나 그때는 이미 눈치를 채고 모두 달아난 뒤였지.

찰스 1세와 의회는 이제 서로를 원수처럼 여기게 되었어. 찰스 1세를 지지하는 '왕당파'와 찰스 1세를 반대하는 '의회파'로 나뉘어 팽팽히 맞섰어. 런던은 의회파의 손아귀에 들어갔지. 찰스 1세는 왕당파를 이끌고 1월 10일 런던을 빠져 나왔어. 왕당파와 의회파는 군대를 조직하고 전쟁을 준비했어. 찰스 1세와 의회의 대립으로 잉글랜드에서 내란이 일어난 거야. 처음 2년 동안은

올리버 크롬웰

왕당파 군대가 우세했어. 왕당파 군대는 런던을 포위하는 등 번번이 승리를 거두었지.

그러나 의회파 군대에는 뛰어난 장군인 올리버 크롬웰이 있었어. 크롬웰은 기병대를 만들었는데, 신식 무기로 무장하고 죽을힘을 다해 싸운다고 '철기대'라는 별명을 얻었어. 크롬웰의 철기대는 1644년 마스턴 무어 전투에서 왕당파 군대를 무찔렀어. 4천여 명을 전사시키고 1천여 명의 포로를 얻었으니 크나큰 전과였지. 그 후 전세는 의회파의 승리로 기울었으며, 왕당파의 군대는 1646년에야 완전히 진압되었어. 왕당파의 몇 차례 반란과 스코틀랜드의 침공 등이 이어졌지만 의회파를 뒤엎지는 못했지. 결국 찰스 1세는 내란에서 진 거야.

포로로 잡힌 찰스 1세는 반란죄로 재판에 넘겨졌어. 1649년 1월 8일, 웨스트민스터 궁전의 특별 법정에서는 공소장이 만들어졌고, 공소장은 다음과 같았지.

> 찰스 스튜어트는 법에 의해 이 나라를 통치하도록 국민으로부터 권력을 위임받았다. 그러나 그는 국민의 권리와 자유를 무너뜨리고, 피비린내 나는 전쟁을 일으켜 수많은 국민들을 죽음으로 내몰았다. 이에 찰스 스튜어트는 반란죄, 살인죄, 약탈죄, 파괴죄 등을 저질렀다.

1월 20일 토요일 오후, 마침내 찰스 왕에 대한 재판이 열렸지. 이날 재판소 주위는 물샐틈없는 경비가 펼쳐졌어. 왕당파가 찰스 1세를 구하려고 재판소를 기습할 것이라는 소문이 돌아서였지. 재판이 시작되기 전에 병사들은 웨스트민스터 궁전을 지하실까지 샅샅이 뒤졌어. 폭탄이 감춰져 있는지 알아보기 위해서였어. 또한 재판소 주위는 물론 지붕 위에까지 무장한 병사들로 보초를 세웠어. 그리고 재판장 존 브래드쇼는 저격에 대비하여 철제 모자를 썼으며 높은 의자에 앉았어.

찰스 1세의 재판에 임명된 배심원은 135명이었어. 그런데 재판에 참석한 사람은 겨우 68명뿐이었지. 크롬웰과 어깨를 나란히 하는 명장 페어팩스조차 나오지 않았어. 이날 그의 이름이 불리자 위층에 있던 페어팩스 부인이 이렇게 소리쳤다고 해.

"페어팩스는 이 재판에 참여할 만큼 어리석지 않아요."

재판이 시작되자 찰스 1세가 법정으로 끌려나왔어. 찰스 1세는 검은 옷을 입고 챙이 넓은 모자를 썼어. 그는 빨간색 비로드 의자에 재판관들과 마주앉았는데, 재판관들 앞에는 왕의 권위를 나타내던 검과 지팡이가 탁자에 놓여 있었어.

이윽고 검찰감 존 쿡이 공소장을 낭독하기 시작했어. 존 쿡이 차분한 목소리로 공소장을 끝까지 읽고 나서야 찰스 1세는 자신이 무슨 이유로 기소되었는지 알 수 있었어.

잠시 뒤 재판장이 왕에게 물었어.

"공소장에 적힌 내용을 인정합니까?"

찰스 1세가 대답했어.

"인정 못 하오. 내가 어떤 법적 근거로 이곳에 있는지 알고 싶소. 나는 영국의 통치자이며 당신들의 왕이오. 하느님으로부터 권한을 위임받아 당신들을 다스리고 있소. 따라서 당신들이 나를 여기에 세워 어떤 죄를 짓고 있는지 생각해 주기 바라오. 하느님의 심판이 두렵다면……."

존 쿡이 왕에게 말했어.

"알려 드리지요. 그대를 왕으로 선출한 국민의 이름으로 이곳에 세운 것입니다."

"착각하지 마시오. 잉글랜드는 선거에 의해 국민들이 왕을 선출한 적이 한 번도 없소. 이 나라는 하늘의 명과 적법한 절차에 따라 천 년 동안 왕을 세습해 왔단 말이오."

찰스 1세의 태도는 당당했어. 그는 네 차례 열린 공판에서 이 법정을 인정하지 않는다며 자기 변론조차 거부했지.

한번은 배심원 가운데 한 사람인 존 휴슨 대령이 앞으로 나오더니, '정의!' 하고 소리치고 찰스 1세의 얼굴에 침을 뱉었어. 그러자 찰스 1세는 아무렇지 않은 듯 그를 쳐다보며 말했어.

"자네 옳은 말을 했군. 하느님은 우리를 위해 정의를 준비해 두고 계실 거야."

찰스 1세에 대한 판결이 내려진 것은 1649년 1월 27일이었어.

"찰스 스튜어트는 폭군이자 반역자이며 살인자이다. 국민을 상대로 전쟁을 일으켜 수많은 사람들을 피 흘리게 했다. 찰스 스튜어트를 참수형에 처한다."

찰스 1세는 사형 선고를 받았고, 최후 진술의 기회도 얻지 못했어. 사형 선고를 받으면 법적으로 죽은 사람이 되어, 법정에서 더는 말할 권리가 없어서였지.

찰스 1세의 사형 선고서에는 배심원 135명 가운데 59명만이 서명했어. 왕을 죽이는 일이기 때문에 겁을 집어먹어서였어. 배심원들이 서명을 기피하자, 크롬웰이 손을 잡아 서명하게 만든 사람이 여러 명이었어. 서명한 사람 가운데는 크롬웰의 친척이 8명이었다고 해.

찰스 1세의 공개 처형은 사흘 뒤에 이루어졌어.

잉글랜드에는 열 살짜리 아들 헨리와 열세 살짜리 딸 엘리자베스가 남아 있었어. 왕세자인 찰스는 아버지의 목숨을 살리려고 네덜란드·스웨덴 등지에서 외교 활동을 벌이는 중이었지.

찰스 1세는 마지막으로 어린 자식들을 만났어. 그는 막내아들 헨리에게 이렇게 당부했어.

"저들이 나를 죽이고 나서 어쩌면 너를 왕의 자리에 앉힐지도 모른다. 너는 그것을 받아들이면 안 된다. 너한테는 찰스와 제임스 형이 있잖니. 두 형을 죽인 다음 너도 죽이려 할 거야."

헨리가 눈물을 닦으며 말했어.

"저는 그들의 말을 듣지 않을 거예요. 차라리 저도 죽여 달라고 청하겠어요."

"장하다. 너는 역시 내 아들이로구나. 목숨을 함부로 버려서는 안 된다. 형들과 사이좋게 지내야 한다."

찰스 1세는 어린 자녀들과 작별 인사를 나누었어. 엘리자베스가 이때의 일을 일기장에 적어 두어 오늘날까지 전해지고 있다는구나.

1649년 1월 30일은 아침부터 쌀쌀했어. 찰스 1세는 두터운 외투를 챙겨 입으며 중얼거렸어.

"추위에 떨면 안 돼. 남들이 보면 두려워서 떠는 줄 알 테니 말이야."

단두대가 설치된 곳은 화이트홀 궁전의 연회실 창문 앞이었어. 거기에는 검은 휘장이 드리워져 있었지.

처형은 오후 2시에야 이루어졌어. 단두대 앞으로 끌려온 찰스 1세는 천천히 입을 열었지.

"나는 아무 죄가 없다. 전쟁을 시작한 것은 내가 아니라 의회였다. 나는 국민의 해방과 자유를 간절히 원했고, 내가 한 일들은 모두 정당했다. 아, 내가 예전에 스트래퍼드 백작의 사형 선고문에 서명했는데, 그 부당한 판결의 대가를 오늘 받는 셈이로구나."

말을 마친 찰스 1세는 단두대에 올라 자신의 목을 올려놓았어. 다음 순간, 사형을 집행하는 사람이 도끼로 왕의 목을 내리쳤지.

이윽고 그가 잘린 찰스 1세의 머리를 치켜들고 소리쳤어.

"잘 봐라! 이것이 반역자의 머리다!"

찰스 1세는 그렇게 처형되었어. 재판을 받고 사형을 당한 왕은 그가 최초였지. 이 사건은 큰 충격을 주었고, 다른 나라에도 유사

한 형태로 퍼져 나갔단다. 나중에 프랑스의 루이 16세 또한 프랑스 혁명 중 의회 표결로 처형되는 사건이 생기니까 말이야.

 찰스 1세의 죽음으로 잉글랜드에서는 군주제가 폐지되고 공화국이 되었어. 그러나 잉글랜드의 실권을 쥔 사람은 크롬웰이었어. 1653년 크롬웰은 쿠데타를 일으켜 의회를 해산하고 '호국경'이 되었어. 호국경은 나라를 수호한다는 명목으로 사실상 국왕의 권력을 행사하는 직책이었지. 1658년 크롬웰이 죽자 아들 리처드가 그 뒤를 이었어. 하지만 리처드는 반란이 일어나 그 자리에서 쫓겨났단다.

1660년 잉글랜드에는 왕정 복구가 이루어져, 찰스 1세의 아들인 찰스가 왕위에 올랐어. 그가 바로 찰스 2세야.

찰스 2세는 아버지를 사형에 처한 재판에 관련된 사람들을 법정에 세웠어. 어쩔 수 없이 사형에 찬성한 사람들은 대부분 사면되었고, 존 쿡 검찰감을 비롯한 12명이 반역죄로 사형, 10여 명이 종신형을 선고받았지. 재판장 존 브래드쇼와 크롬웰 등은 이미 세상을 떠났는데, 찰스 2세는 이들도 내버려 두지 않았어. 무덤을 파헤쳐 시신을 꺼내 그 목을 잘랐어.

1661년 1월 30일, 찰스 1세가 처형을 당한 지 만 12년이 되는 날의 일이었단다.

변호사 아저씨가 이야기를 마치자 판관이가 입을 열었습니다.

"백성들이 왕을 법정에 세워 죽이다니요. 어떻게 그럴 수가 있죠?"

별별이가 판관이의 옆구리를 툭 치며 말했습니다.

"넌 지금까지 무슨 이야기를 들었니? 찰스 1세가 반란죄로 체포되어 재판을 받아 '국민의 적'으로 처형 당했다잖아. 백성들이 원하는 대로 잘사는 나라를 만들지 않고 제멋대로 나라를 다스리니, 백성들이 들고일어나 왕을 심판한 거지."

찰스 2세

"하하, 별별이가 제법이구나. 쉽게 잘 설명했어. 찰스 1세는 왕권신수설을 믿어 백성들을 자기 맘대로 할 수 있고, 백성들은 왕에게 절대로 복종해야 한다고 믿었지. 그런데 백성들은 왕과 생각이 달랐거든. 왕은 법에 의해 나라를 다스리도록 국민으로부터 권력을 위임받았다며, 의회의 승인 없이는 세금을 함부로 거두어들이지 못하게 했지. 그러다 보니 왕과 의회 사이에 갈등이 깊어져 내전이 일어났고, 의회파가 승리를 거두자 찰스 1세는 포로로 잡혀 재판에 넘겨진 거야."

변호사 아저씨가 친절하게 설명해 주자 판관이는 머리를 긁적였습니다.

"아까 들은 내용인데 왜 듣고 나면 바로 까먹어 버리지?"

"그건 네 머리가 새 머리여서 그래. 앞으로는 너를 새관이라고 불러 주지."

별별이의 말에 아이들은 배꼽을 잡고 웃었습니다.

"아저씨, 찰스 1세 재판 다음에는 무슨 재판 이야기를 들려주실 거죠?"

"갈릴레이 재판이란다. 너무나 유명한 재판인데, 이 재판에서 갈릴레이는 '그래도 지구는 돈다.'라는 말을 했지."

⚖️ '국민의 적'으로 처형당한 왕, 찰스 1세(1600~1649)

찰스 1세는 제임스 1세와 덴마크 공주 앤 사이에서 둘째 아들로 태어났어요. 1612년 형 헨리가 죽자 황태자가 되었으며, 1625년 왕위에 오르고 프랑스 공주 앙리에타 마리아와 결혼했어요.

찰스 1세는 왕권신수설을 믿어 절대 왕권으로 나라를 다스리려고 했어요. 그래서 왕위에 오르자마자 의회의 승인 없이 백성들로부터 세금을 마구 거두어들였지요. 의회에서는 찰스 1세의 왕권 행사를 그대로 지켜볼 수 없어 1628년 왕에게 '권리 청원'을 하기에 이르렀어요. 찰스 1세는 마지못해 권리 청원을 승인했는데, 이듬해 의회를 해산하고 예전처럼 제멋대로 나라를 다스렸지요.

11년이 지난 1640년 스코틀랜드와의 전쟁에 필요한 자금을 얻기 위해 단기 의회, 그리고 장기 의회를 소집한 그는 1642년 여섯 명의 의원을 체포하려고 나서면서 결국 영국의 청교도 혁명을 불러일으켰어요. 찰스 1세를 지지하는 왕당파와 찰스 1세를 반대하는 의회파로 나뉘어 팽팽히 맞서다가 왕당파의 패배로 내전이 끝났지요.

찰스 1세는 체포되어 국가 반란죄로 재판을 받았으며, 사형 판결을 받아 1649년 '국민의 적'으로 처형당했어요.

찰스 1세

⚖️ 찰스 1세는 왜 법정에 세워졌을까?

찰스 1세는 어려서부터 아버지 제임스 1세에게 왕권신수설에 대해 배웠어요. 그것은 '왕권은 신으로부터 부여받았으므로 법 위에 존재한다. 왕은 자기 맘대로 할 수 있으며, 백성들은 왕에게 절대로 복종해야 할 의무가 있다.'는 것이었지요.

따라서 찰스 1세는 왕의 자리에 앉자마자 왕권신수설에 따라 자기 맘대로 나라를 다스렸어요. 의회의 승인 없이 백성들로부터 세금을 마구 거두어들이고, 세금을 내지 않는 사람들은 곧바로 잡아들였어요. 그리고 일부 귀족과 상인들에게 상업상의 독점권을 주는가 하면, 영국 국교(성공회)를 강제로 믿게 했어요.

국민을 대표하는 의회 의원들은 왕에 대해 불만이 많았어요. 그래서 왕과 번번이 맞섰는데, 찰스 1세는 마지못해 '의회의 승인 없이 세금을 거두어들이지 않겠다.'는 등의 '권리 청원'을 승인하고도 그 약속을 깨어 버렸어요. 하루아침에 의회를 해산해 버리고 11년 동안 제멋대로 나라를 다스린 거예요.

그 뒤 왕과 의회의 대립은 날이 갈수록 커져, 마침내 잉글랜드에는 내란이 일어났어요. 찰스 1세를 지지하는 왕당파와 반대하는 의회파가 맞서 싸운 거예요. 내란은 크롬웰 장군이 이끄는 의회파의 승리로 끝났어요. 그리하여 찰스 1세는 포로로 잡혀 감옥에 갇혔지요. 크롬웰은 왕과 함께 '군주제'가 사라져야 잉글랜드가 평화로운 나라가 되리라고 믿었어요. 그래서 의회에 군대를 보내 찰스 1세를 동정하는 의원들을 끌어내고, 왕이 국가 반란죄로 재판을 받아야 한다는 법안을 의회에서 통과시켰지요.

　찰스 1세는 국가 반란죄로 재판을 받았어요. 그때 그는 법정에서 '나는 당신들의 왕이오. 따라서 당신들은 나를 재판할 수가 없소.'라고 말했어요. 하지만 끝내 그에게는 사형 선고가 내려졌고, 형장의 이슬로 사라졌지요.

　찰스 1세와 잉글랜드 의회 사이에 일어난 사건을 '영국 혁명', 또는 '청교도 혁명'이라고 부른답니다.

영국 법원에서는 왜 법조인들이 가발을 썼을까?

　프랑스 국왕 루이 13세는 23세인 1624년에 탈모 증세를 보여 대머리가 되었어요. 그는 고민 끝에 가발을 쓰기 시작했지요. 당시에는 가발 만드는 기술이 떨어져, 가발 쓴 티가 많이 났다고 해요. 그래서 신하들은 왕이 가여워 모두들 가발을 썼는데, 그렇게 하면 누가 대머리인지 알 수 없기 때문이었죠. 이렇게 가발을 쓰는 것이 프랑스 궁전을 중심으로 유행하기 시작하여, 17세기 후반에는 유럽 전체로 퍼져 나갔어요.

　영국에서도 찰스 2세 때인 1660년대에 귀족 남자들 사이에서 가발을 쓰는 것이 유행했어요. 급기야는 영국 법원에서까지 판사와 변호사도 가발을 쓰기 시작했지요.

　그럼 법조인들은 왜 법정에서 가발을 썼을까요?

　그 이유는 여러 가지가 있는데, 재판관과 변호사들이 위엄을 나타내 보이려고 가발을 썼다고 해요. 다시 말하면 법정의 존엄과 권위를 살리기 위해서라는 거죠.

그러나 어떤 사람들은 법조인들이 과중한 업무 탓에 스트레스를 많이 받아 대머리가 되자, 그 결점을 감추려고 가발을 쓰기 시작한 것이 유행의 시초라는군요. 혹은 법조인이 자기 덕망을 나타내기 위해서다, 재판 결과에 불만을 품은 피고인과 그 가족으로부터 자신을 보호하고 은폐하기 위해서다 등등의 견해도 있어요.

옛날에 법조인들이 쓰는 가발은 주로 말총으로 만들었어요. 사람 손으로 44시간 걸려야 겨우 하나를 완성해, 그 가발이 무척 비쌌지요. 그래서 당시 런던에서는 법조인들의 가발만 노리는 도둑들이 있었다고 해요. 도둑들은 바구니에 아이를 태우고는 그 바구니를 어깨에 짊어진 채 거리로 나왔어요. 그랬다가 가발 쓴 법조인이 지나가면 아이가 벌떡 일어나 가발을 벗겨 챙겼지요.

법조인들은 한번 장만한 가발은 평생을 쓰고 다녔어요. 가발에 이가 들끓어도 절대 바꾸지 않았지요. 오래되고 낡은 가발일수록 법조인으로서 오랜 연륜과 풍부한 재판 경험을 나타내기 때문이었죠. 어떤 변호사 집안에서는 94년 된 가발을 4대에 걸쳐 썼다고 해요. 이렇게 비위생적인 오래된 가발을 쓰니 법정에는 역겨운 냄새가 진동했어요. 그래서 어떤 법조인들은 그 냄새를 막아 보려고 법정에 꽃을 가져오기도 했답니다.

영국에서는 법조인, 특히 법관들이 가발을 쓰는 관습이 오늘날까지 전해 내려오고 있어요. 그런데 2003년 영국에서는 니콜라스 애디슨 필립스 대법원장이 "형사 재판을 제외한 민사, 가사 재판에서 잉글랜드와 웨일스 법조인들은 더 이상 가발을 쓰지 않아도 된다."고 발표했어요. 그리하여 법조인들은 2004년 1월 1일부터 형사 재판을 제외한 민사, 가사 재판에서는 전통과 권위의 상징이었던 말총 가발을 벗게 되었지요. 가발이 불편하고 비쌀 뿐 아니라 시대착오적이라는 의견이 많았기 때문이었죠.

절대 군주제와 입헌 군주제

군주제는 역사적으로 가장 오래된 정치 형태인데, 절대 군주제와 입헌 군주제로 나눌 수가 있어요.

절대 군주제는 국가의 모든 권력이 군주 한 사람에게 귀속되는 정치 형태를 말해요. 즉, 최고 권력을 왕 한 사람이 갖고 있어 막강한 힘을 행사하는 것이지요. 모든 것을 왕이 혼자 결정하고 절대 권력을 행사하며 나라를 다스렸어요. 17세기 후반과 18세기 초에 프랑스를 통치했던 루이 14세는 '나는 곧 국가이다.'라고 선언했는데, 당시에 군주는 신에게 절대 권력을 받았다고 생각할 정도였지요. 절대 군주제는 16세기에 퍼지기 시작하여 17, 18세기에 유럽에서 널리 시행되었어요.

그러나 시민 계급의 대두로 영국과 프랑스에서 수많은 시민 혁명이 일어나면서 왕권이 약해져, 절대 군주제는 힘을 잃어갔어요. 영국에서는 찰스 1세가, 프랑스에서는 루이 16세가 시민 세력에 의해 재판을 받고 처형을 당하기까지 했지요.

이런 과정에서 왕권을 제한하고 국민의 대표 기관인 의회가 법률에 따라 통치의 주체가 되는 정치 형태가 나타났는데, 이를 입헌 군주제라고 해요. 입헌 군주제는 '군주는 군림하되 통치하지 않는다.'고 할 만큼 형식적인 존재가 되었지요. 입헌 군주제를 시행한 대표적인 나라로 영국을 꼽을 수 있어요.

제1차 세계 대전이 일어날 때까지는 유럽에서 프랑스·스위스·포르투갈을 제외한 대부분의 나라들이 입헌 군주제 국가였어요. 하지만 지금은 그 수가 급격히 줄어 영국·노르웨이·스웨덴·덴마크·벨기에·네덜란드·모나코 등과 아시아의 일본·태국 등 20여 나라가 입헌 군주제를 유지하고 있답니다.

⚖ 처형당한 비운의 왕, 루이 16세(1754~1793)

프랑스의 왕 루이 16세는 루이 15세의 손자이며 왕세자 루이의 셋째 아들이었어요. 1770년 오스트리아의 공주 마리 앙투아네트와 결혼했고, 1774년 루이 15세가 세상을 떠나자 왕위에 올랐어요.

루이 16세는 재정 위기를 타개하려고 튀르고, 네케르 등을 차례로 재무총감으로 임명했어요. 이들은 국정 개혁에 나섰지만 귀족과 성직자 등 특권층의 반대로 실패하고 말았지요.

1789년 루이 16세는 네케르의 뜻을 받아들여 삼부회를 소집했어요. 재정을 회복하려면 세금을 더 걷어야 하는데, 신분제 의회인 삼부회에서 이 문제를 결정하기 위해서였죠. 하지만 제3계급 평민들은 삼부회에 참여하지 않고 '국민의회'를 만들었어요. 그리하여 그해 7월 14일, 파리 시민들의 바스티유 감옥 습격으로 프랑스 혁명이 일어났지요. 루이 16세는 강제로 베르사유 궁전을 떠나 튈르리 궁전에 갇혀 지내는 신세가 되었어요.

1791년 6월, 루이 16세는 가족을 데리고 프랑스를 탈출하려고 했어요. 하지만 국경 근처인 바렌에서 체포되어 파리로 돌아왔지요. 그 뒤 국민의회 안의 급진파는 '국민공회'를 만들어 루이 16세를 퇴위시키고 공화정을 선포했어요. 그러고는 루이 16세를 반역죄로 재판에 넘겨 1793년 1월 20일 사형 선고를 내렸어요. 그리하여 루이 16세는 이튿날 단두대에서 처형되었지요.

루이 16세

유재원 변호사와 함께 생각해 보기

 왕은 법 위에 존재하는 자인가?

요즘도 왕이 있는 나라들이 있지. 옛날 생각이 난다고? 왕이 모든 권력을 쥐고 있는 세상을 얘기하는 거구나? 하지만 이제 왕이 모든 권한을 가지고 국민들 위에 군림하는 나라(왕권 국가)는 드물어. 오히려 국민의 대표인 의회와 잘 협조하고 나라의 상징으로 머물러 있는 왕들이 많은 편(입헌 군주제 국가)이지.

중세 시대를 지나 서양 각국에서는 왕의 권한이 무척 강해졌단다. 예전에는 교회가 왕권을 견제했지만 이젠 그런 제약도 사라졌어. 프랑스의 루이 14세라든가 스페인의 펠리페 2세, 영국의 헨리 8세, 엘리자베스 1세는 절대 권력을 휘두른 왕이었단다. 오죽하면 루이 14세는 "나는 곧 국가이다."라고 하면서 왕과 국가를 동일하게 놓았겠니.

이런 생각의 바탕은 이미 오래전으로 거슬러 올라간단다. 이집트에서는 파라오(왕)는 태양신 '라'와 같다고 생각했단다. 그래서 이집트 파라오들은 번쩍번쩍하는 금관에 미라로 보존되어 영원히 살려고 했던 거지. 15세기 이후에 왕권신수설이라는 주장도 제기되었어. 우리 국민들이 왜 왕을 모셔야 하냐면, 그건 신(하느님)이 왕에게 절대적인 권한을 부여했기 때문이라는 이론이야. 그런 주장으로 유럽의 왕들은 자신의 절대적 권력을 정당화했지.

그런데 찰스 1세 재판을 보면서 영국 의회에서 찰스 1세를 처형한 명분이 뭔지 보았겠지? 바로 왕은 신으로부터 내려온 것이 아니라 단지 국민의 대표라는 생각이었어. 이러한 생각은 바로 사회계약설에서 비롯한 거란다. 이때부터 논의가 활성화된 사회계약설은 홉스, 로크, 루소 등을 거치면서. 국민주권주의로 발전하게 된단다.

자, 왕권 국가와 국민 주권 국가의 차이점을 알겠지? 옛날의 왕들은 왕권신수설에 따라 왕권이 절대적으로 보호되며 법도 왕의 명령에 따라야 한다고 생각했던 거야(왕>법). 그 반면, 국민 주권 국가에서는 왕은 국민의 대표일 뿐이며 또 다른 국민의 대표인 의회에서 제정한 법률에 국왕도 복종해야 한다는 논리가 가능하단다(국민=법>왕). 찰스 1세 재판을 보면서, 우리는 민주주의의 발전 과정을 알 수 있었어. 중세 봉건 시대나 적어도 16세기까지는 왕권 국가라는 명분하에 왕이 마음대로 권력을 휘둘렀지만, 그 이후에는 의회라는 견제기구도 생기고 법률이라는 '국민의 약속'이 힘을 발휘하면서 왕은 손발이 꽁꽁 묶인 거야. 이에 따라 전제군주정은 사라지고 입헌 군주정(국민 주권주의에 바탕을 둔 의회 민주주의 국가)이 보편화된 것이지. 이제 너희들의 질문에 대한 결론이 났겠지. 왕은 법 위에 존재하는 사람인가? 아니다. 적어도 찰스 1세(권리 청원 사건) 이후에는 아니다.

여섯 번째 재판 **갈릴레오 갈릴레이 재판**

그래도 지구는 돈다

1609년의 어느 날, 이탈리아의 파도바 대학에서 수학과 천문학을 맡아 강의하던 갈릴레이는 네덜란드에서 망원경이 발명되었다는 소식을 들었어.

'두 개의 유리 렌즈를 통해 멀리 있는 물체를 가까이 있는 것처럼 볼 수 있다고? 거참, 흥미진진한 발명품인걸.'

갈릴레이는 얼른 망원경을 사들여 꼼꼼히 살펴보았어.

'소문과 다르네. 멀리 있는 물체를 가까이 있는 것처럼 볼 수 있다더니 너무 흐릿해. 좀 더 성능이 좋은 망원경을 만들어야겠다.'

갈릴레이는 연구를 거듭하여 새로운 망원경을 만들었어. 그것은 멀리 있는 물체를 30배 이상 확대해 볼 수 있는 망원경이었어.

갈릴레이는 1609년 8월 21일, 베네치아의 성 마르코 종탑 위에 이 망원경을 설치해 놓고 귀족들을 불러 모아 이렇게 말했어.

"제가 이번에 개발한 망원경입니다. 이 망원경을 통해서 보면, 항구로 들어오는 배들을 볼 수 있습니다."

귀족들은 돌아가며 망원경을 통해서 항구 쪽을 바라보았어.

"와아, 이럴 수가! 배 안에 있는 사람들까지 선명하게 보이네!"

귀족들은 너무 놀라 소리를 질렀어.

갈릴레이가 빙그레 웃으며 말했지.

"이 망원경을 이용하면 군사 작전에 큰 도움이 될 겁니다. 바닷가로 침투해 오는 적의 배를, 맨눈으로 볼 때보다 두 시간 빨리 발견할 수 있거든요. 적의 군사 규모를 판단해 어떻게 맞서 싸울 것인지 결정할 수 있을 거예요."

갈릴레이가 만든 망원경은 군사용으로만 쓸모가 있는 것이 아니었어. 그것은 달과 별을 관측할 수 있는 획기적인 것이었지.

갈릴레이는 날마다 망원경으로 밤하늘을 바라보았어.

"앗! 달의 표면이 매끈매끈하거나 평평하지 않네. 달에도 지구처럼 산과 계곡이 있어."

"하늘에 있는 은하수는 별들로 이루어져 있구나."

"목성 주위에 네 개의 작은 별이 있네. 저 별들이 목성의 주위를 돌고 있어."

갈릴레이는 자신이 발견한 목성의 네 위성을 '메디치 가의 별들'이라고 이름 붙였어. 메디치 가는 피렌체를 다스리는 귀족 가문이었어. 갈릴레이는 이렇게 천체를 관찰하여 새로운 사실들을 발견했는데, 이를 통해 얻은 결론은 코페르니쿠스가 옳고 프톨레마이

오스가 틀렸다는 것이었어.

프톨레마이오스는 2세기경에 활동했던 고대 그리스의 학자였어. 그는 지구가 우주의 중심이라고 주장했어. 밤하늘의 별도 달도 태양도 지구 주위를 돌고 있다는 것이었지. 이것을 천동설이라고 해. 로마 교황청에서는 천동설을 지지해 왔으며, 코페르니쿠스가 나타나기 전까지 이것을 부정하는 사람은 아무도 없었어.

코페르니쿠스는 독일계의 폴란드 천문학자였어. 그는 천체의 운동을 연구하고 나서 1543년 다음과 같은 주장을 했지.

'지구는 우주의 중심이 아니다. 태양이 우주의 중심에 정지해 있고, 지구는 스스로 돌면서 태양의 둘레를 돌고 있다. 지구는 금성, 목성, 화성, 토성 등 태양의 둘레를 도는 여러 개의 혹성 가운데 하나인 것이다.'

이러한 주장을 지동설이라고 해.

로마 교황청에서는 지동설을 주장하는 사람은 종교 재판에 넘겨 처벌하려고 했단다. 하느님과 교회의 법을 어겼다는 것이 그 죄였지. 성경에는 이렇게 기록되어 있었기 때문이야.

> 그때 야훼께서 아모리 사람들을 이스라엘 백성에게 붙이시던 날에 여호수아는 이스라엘이 보는 앞에서 외쳤다. "해야, 기브온 위에 머물러라. 달아, 너도 아얄론 골짜기에 멈추어라." 그러자 원수들에게 복수를 마칠 때까지 해가 머물렀고 달이 멈추어 섰다. 이 사실은 야살의 책에 기록되어 있지 않은가? 해는 중천에 멈추어 하루를 꼬박 움직이려 하지 않았다. (『여호수아』 10장 12-13절)

성경에 태양이 움직인다고 기록되어 있으니, 태양이 정지해 있고 지구가 움직인다는 지동설은 성경과 교회의 가르침에 위배되었어.

1600년 2월 17일에는 코페르니쿠스의 지동설이 옳다고 주장했다는 이유로 조르다노 브루노라는 신부는 종교 재판에서 사형 선고를 받고 화형을 당했어. 당시에는 성경에 어긋나는 것을 주장하면 '이단'으로 몰렸지. 그래서 브루노는 성경에 어긋나는 지동설을 주장하여 '이단자'가 되어 화형대에 섰던 거야.

열심히 천체를 관찰한 갈릴레이는 그 연구 결과를 논문으로 발표했어. 그는 코페르니쿠스의 학설이 옳다고 믿었어. 그래서 자신의 관찰로 코페르니쿠스의 학설이 과학적으로 증명되었다고 여겼지.

하지만 그런 주장은 성경과 교회의 가르침에 어긋나는 것이었어. 그리하여 1615년 피렌체의 성 도미니크회 니콜로 로리니 신부는 갈릴레이에 대한 고발장을 로마 교황청의 성무청(이단 심문소)에 제출하기에 이르렀어. 이리하여 갈릴레이에 대한 재판이 벌어졌지.

1616년 2월, 갈릴레이는 로마 교황청으로 불려가 벨라르미노 추기경이 이끄는 성무청에서 재판을 받았어. 벨라르미노 추기경은 브루노 신부를 고발하여 형장의 이슬로 사라지게 했던 인물이었어. 성무청에서는 갈릴레이가 받아들인 코페르니쿠스의 지동설에 대해 11명의 신학자들을 불러 의견을 물었어.

"갈릴레이는 코페르니쿠스의 지동설에 따라 태양이 세계의 중심이며, 지구가 태양의 주위를 돌고 있다고 주장한다. 과연 이러한 주장은 옳은 것인가?"

신학자들은 며칠 동안 회의를 거듭한 끝에 만장일치로 다음과 같은 결론을 내렸어.

> 태양이 지구의 중심이며, 지구가 태양의 주위를 돌고 있다는 코페르니쿠스의 지동설은 전혀 근거가 없고 터무니없는 주장이다. 이는 성경에 씌어 있는 내용과도 어긋나고, 철학적으로 어리석으며, 교회의 입장에서 볼 때도 이단이다.

벨라르미노 추기경은 교황 바오로 5세에게 신학자들의 회의 결과를 보고했어. 그러자 교황 바오로 5세가 말했지.
"갈릴레이를 법정으로 불러 코페르니쿠스의 지동설을 따르지 말라고 명하시오. 만약에 이 지시를 따르지 않는다면 그를 감옥에 가두어야 하오."
"예, 알겠습니다."
1616년 2월 26일, 갈릴레이에 대한 재판이 열렸어. 법정에서 벨라르미노 추기경은 갈릴레이에게 다음과 같은 판결을 내렸지.
"그대는 태양이 세계의 중심이며, 지구가 태양의 주위를 돌고 있다는 코페르니쿠스의 지동설을 따르지 말라. 이를 말이나 글로 주장하거나 책으로 써도 안 된다. 이것은 교황님의 명령이자 성무청의 지시다. 이를 따르지 않으면 감옥에 가둘 것이다."
갈릴레이는 겁에 질려 있었어. 그래서 교황과 성무청의 지시에 따르겠다고 맹세했지.
일주일 뒤 로마 교황청에서는 코페르니쿠스의 이론을 이단이라고 선언했어. 그리고 코페르니쿠스가 지은 책인 『천체의 회전에 관하여』를 금서로 정했어. 이 책을 출판할 수도 없고, 지니거나 읽어서도 안 된다는 것이었지.

갈릴레이는 풀이 죽은 얼굴로 로마를 떠났어. 그는 류머티즘성 관절염을 앓고 있어서, 이래저래 힘들고 고통스러운 여행이었지.

'누가 뭐라고 해도 코페르니쿠스의 지동설이 옳아. 이만한 일로 나의 연구 활동을 중단할 수는 없어.'

피렌체로 돌아온 갈릴레이는 마음을 다잡고 천체에 대한 관측과 연구를 계속했어.

1623년 교황 바오로 5세가 세상을 떠났어. 그 뒤를 이어 바르베리니 추기경이 새 교황으로 임명되었는데, 그가 바로 우르바노 8세야.

갈릴레이는 이 소식을 듣고 크게 기뻐했어. 새 교황은 갈릴레이의 오랜 친구이자 고향 사람이었던 거야. 갈릴레이는 이듬해에 로마로 가서 교황 우르바노 8세를 여섯 번이나 만났어.

"교황님, 하느님이 창조하신 태양계에 대한 새로운 책을 쓰려고 합니다."

"그래요? 열심히 쓰도록 하세요."

교황은 갈릴레이에게 격려의 말까지 해 주었어.

갈릴레이는 이 격려에 힘입어 오랜 세월을 바쳐 1632년 2월 마침내 『천문학에 관한 대화』라는 책을 완성하여 출판했어. 『천문학에 관한 대화』는 살비아티, 사그레도, 심플리치오 등 세 명의 남자가 나흘 동안 천동설과 지동설에 대해 토론을 벌이는 내용이야. 살비아티는 천문학자로서 갈릴레이의 주장을 대변하고 있는데, 겉으로는 천동설을 지지하면서도 실질적으로는 지동설이 옳다고 밝힌 책이었지.

이 책은 5월에야 로마 교황청에 전해졌어. 당시 이탈리아에 전염병인 페스트가 널리 퍼져 늦게 전해진 거야. 로마 교황청의 성무청에서는 『천문학에 관한 대화』를 꼼꼼하게 검열하고는 기겁을 했어.

"아니, 이게 뭐야? 코페르니쿠스의 이론을 지지하는 터무니없는 내용으로 채워져 있네."

"그럼 1616년의 교령을 어긴 것이네. 책을 금서로 정하고 모두 거두어들여야겠어."

"갈릴레이에게도 그 죄를 물어야 해."

1632년 7월 교황 우르바노 8세는 『천문학에 관한 대화』를 금서로 정하여 배포를 금지시켰어. 그리고 그해 10월에는 갈릴레이에게 로마 교황청의 성무청으로 재판을 받으러 오라는 소환장을 보냈어. 그때 갈릴레이는 70세가 다 된 노인이었어. 게다가 자주 병을 앓아 로마까지 긴 여행을 할 수 없었지.

"몸이 아파 로마에 갈 수 없습니다. 피렌체에서 재판을 받으면 안 되겠습니까?"

갈릴레이의 청원은 받아들여지지 않았어. 갈릴레이는 여러 달 연기를 하다가 이듬해 1월 20일 겨우 여행길에 올라 2월 13일 마침내 로마에 도착했어.

갈릴레이가 재판을 받기 시작한 것은 두 달이 지난 뒤인 4월이었어. 4월 12일부터 6월 21일까지 네 차례에 걸쳐 심문을 받았는데, 성무청 심문관은 마쿨라노 신부와 세 명의 조수였어. 갈릴레이가 두 번째 재판을 받은 것은, 첫 번째 재판에서 '코페르니쿠스의 지동설을 따르지 않겠다. 이를 말이나 글로 주장하거나 책으로도 쓰지 않겠다.'고 한 약속을 어기고, 코페르니쿠스의 지동설을 지지하는 책인 『천문학에 관한 대화』를 썼기 때문이야.

갈릴레이는 네 번째 심문에서 이런 질문을 받았어.

"그대는 천동설을 믿는가, 지동설을 믿는가?"

갈릴레이는 눈을 감았어. 이 순간은 죽느냐, 사느냐의 갈림길이었지. 여기서 지동설을 믿는다고 하면 최종 판결에서 화형을 선고 받을 수도 있었던 거야.

'나는 살고 싶다. 살아서 학문을 더 연구해야 한다. 내게는 과학적 진리를 증명할 의무가 있다.'

갈릴레이는 눈을 떴어. 그리고 자신의 연구를 부정했지.

"나는 천동설을 믿습니다. 지동설은 잘못된 학설입니다. 1616년의 교령을 받기 전에는 마음이 흔들려 천동설과 지동설이 다 옳다고 생각했습니다. 하지만 교령을 받은 뒤에는 모든 의심이 사라져, 천동설을 진리라고 믿게 되었습니다. 지금 이 순간에도 마찬가지입니다. 앞으로는 지구가 태양의 둘레를 돈다는 따위의 말을 하지 않겠습니다."

1633년 6월 22일 갈릴레이는 산타 마리아 소프라 미네르바 수도원으로 끌려갔어. 이곳은 33년 전에 브루노 신부가 코페르니쿠스의 지동설을 주장했다는 죄로 화형 판결을 받았던 자리였지. 흰색 참회복을 입은 갈릴레이는 10명의 재판관들 앞에서 무릎을 꿇고 앉았어. 그리고 재판관들 가운데 7명이 찬성한 판결문을 들었지.

 "그대는 태양이 세계의 중심이며, 지구가 태양의 주위를 돌고 있다는 터무니없는 주장을 펼친 혐의를 받고 있다. 이것은 무거운 이단죄에 속하며, 성스러운 「교회법」에 의해 유죄 판결을 받아 마땅하다. 하지만 그대가 정해진 절차에 따라 이단에서 벗어날 것을 다짐한다면 우리는 그대를 석방할 수도 있다. 그렇지만 장래 다른 사람들에게 경각심을 일깨우도록 그대가 쓴 책인『천문학에 관한 대화』를 금서로 정하고 그대를 이 성무청에 정식으로 감금할 것을 선고한다. 또한 참회의 뜻으로 앞으로 3년 동안 매주 한 번씩 7편의 참회 시편을 외우도록 하라."

 갈릴레이에게는 마지막 참회의 절차가 남아 있었어. 무릎을 꿇고 앉아 성경에 손을 얹고 '서약문'을 읽는 것이었어.

"나는 법정의 부름을 받아 성경에 손을 얹고 맹세합니다. 앞으로는 성스러운 교회에서 가르치는 모든 것을 항상 믿고 따르겠습니다. 태양이 세계의 중심이며, 지구가 태양의 주위를 돌고 있다는 잘못된 주장은 절대로 하지 않겠습니다. 말로나 글로나 이단으로 의심받을 수 있는 일은 결코 하지 않겠습니다……."

갈릴레이는 서약문을 읽고 자리에서 일어섰어. 이때 그는 이렇게 중얼거렸다고 하는구나.

"그래도 지구는 돈다. 바로 이 순간에도 어김없이 태양의 둘레를 돌고 있다."

그 후 갈릴레이는 로마를 떠나 자신의 집에서 머물러도 좋다는 허락을 받았어. 그는 간신히 화형을 면했지만 3년 동안 집 안에 갇혀 지내야 했지. 갈릴레이는 감시를 당하면서도 마지막 남은 힘을 다해 『새 과학의 대화』라는 책을 썼어.

그는 눈이 나빠져 3년 뒤에는 완전한 장님이 되었으며, 1642년 1월 8일 조용히 생애를 마쳤어. 그는 죽는 날까지 지동설의 과학적 증거를 더 구하려고 했단다.

갈릴레이의 대표 저서 『천문학에 관한 대화』는 1835년에야 금서 목록에서 풀려났어. 꼭 219년 만이었지. 또한 재판이 있은 지 359년 만인 1992년에야 로마 교황청에서는 갈릴레이 재판이 잘못되었음을 인정하고 갈릴레이를 복권시켰어.

"과학을 재판으로 다루는 것이 우스워요. '태양이 세계의 중심이고, 지구가 태양 주위를 돌고 있다.'는 것은 누구나 아는 진리인데,

그것을 터무니없는 주장이라고 갈릴레이를 재판에 넘기다니요."

판관이가 흥분하여 목소리를 높였습니다.

변호사 아저씨가 말했습니다.

"당시로는 어쩔 수가 없었지. 갈릴레이도 살기 위해 과학적인 진리를 부정했지만, '그래도 지구는 돈다. 바로 이 순간에도 어김없이 태양의 둘레를 돌고 있다.'고 중얼거렸다고 하잖니."

조용히 듣고 있던 별별이가 한마디를 보탰습니다.

"갈릴레이도 불행하게 살았네요. 죽느냐, 사느냐의 갈림길에서 간신히 화형은 면했지만, 3년 동안 집 안에 갇혀 지냈으니 말이에요. 눈이 나빠져 완전한 장님이 되었고요."

근대 과학의 선구자, 갈릴레오 갈릴레이(1564~1642)

갈릴레이는 이탈리아 피사에서 상인의 아들로 태어났어요. 1570년 초에 가족을 따라 피렌체로 이사했으며, 어려서는 피렌체 교외의 바론브로사 거리에 있는 성 마리아 수도원에서 공부했지요.

갈릴레이는 수도사가 되고 싶었지만, 의사가 되길 바라는 아버지의 뜻을 따라 피사 대학에서 의학을 공부했어요. 이 무렵 갈릴레이는 '흔들이의 등시성 원리'를 발견하고, 수학과 물리학에 푹 빠져 지냈어요. 그리고 1589년 피사 대학의 수학 강사가 되었지요. 그는 이 대학에서 물리학 연구에 몰두했는데, 아리스토텔레스의 학설을 실험해 보기 위해 피사의 사탑에서 깃털과 쇠구슬을 떨어뜨리는 유명한 실험을 했답니다. 1592년 파도바 대학으로 옮긴 갈릴레이는 물리학 연구에 전념하며 수학과 천문학을 맡아 강의했어요. 1609년 그는 천체 망원경을 만들어 천문학에 있어 많은 발견을 하고, 1632년 『천문학에 관한 대화』라는 책을 발간하여 겉으로는 천동설을 지지하면서도 실질적으로는 지동설이 옳다고 밝혔어요. 이 때문에 로마 교황청의 성무청에서 재판을 받고 3년 동안 가택 연금을 당했지요.

로마 교황청에서는 1992년에야 갈릴레이 재판이 잘못되었음을 인정하고 갈릴레이를 복권시켰어요.

갈릴레오 갈릴레이

정말 '그래도 지구는 돈다.'라고 말했을까?

갈릴레이가 1633년 로마 교황청의 종교 재판소에서 '서약문'을 읽고 자리에서 일어나면서 이렇게 중얼거렸다고 하지요.

"그래도 지구는 돈다. 바로 이 순간에도 어김없이 태양의 둘레를 돌고 있다."

그런데 후세 사람들 가운데는 갈릴레이가 이런 말을 한 적이 없다고 주장하는 사람들이 있어요. 그들에 따르면, 소송 기록에 갈릴레이가 그런 말을 했다는 것이 적혀 있지 않았고, 당시에 갈릴레이가 남긴 편지나 글에도 그런 내용이 없다는 거예요. 그리고 갈릴레이는 병든 몸으로 두 달에 걸쳐 심문을 받아 몹시 지친데다, 고문의 위협과 협박을 받은 상태였어요. 그러니 그런 말을 할 용기가 생길 리가 없다는 거죠. 만약에 재판관들이 갈릴레이의 말을 들었다면 갈릴레이를 이단자로 몰아 중형을 내렸을 테니까요.

'그래도 지구는 돈다.' 이 말이 세상에 알려진 것은 1757년 어떤 책에서 갈릴레이의 초상에 곁들여, 갈릴레이가 이 말을 했다고 소개하면서예요. 1911년 갈릴레이의 초상화가 발견되었는데, 초상화를 액자에서 빼내자 지구가 태양의 주위를 도는 그림이 나왔다고 해요. 그리고 그림 옆에 '그래도 지구는 돈다.'라는 구절이 씌어 있었다는군요. 이 그림은 갈릴레이가 재판을 받은 직후 잠시 머물렀던 저택의 주인이 화가에게 맡겨 그린 그림이랍니다. 그렇다면 주인은 재판에 참석해 갈릴레이가 "그래도 지구는 돈다."라고 중얼거리는 말을 듣고, 그런 그림을 화가에게 부탁해 그리게 하지 않았을까요?

종교 재판과 종교 재판소

　종교 재판은 로마 가톨릭교회에서 이단을 벌하려고 설치한 특별 재판이에요. 이단은 교회의 설립 직후부터 발생했지만, 그 처벌은 파문을 내리는 데 그쳤어요. 하지만 12, 13세기에 이르러 이단의 세력이 커지고 교회에 반기를 들자, 로마 가톨릭교회는 이단을 심판하는 일에 나섰어요. 1231년 교황 그레고리오 9세가 이단자를 체포하고 재판하기 위해 교황 직속의 종교 재판소를 만든 거예요.

　종교 재판소의 재판관은 수도사들이 맡았어요. 이들은 2명이 한 조가 되어 이단 혐의가 있는 지방을 순회했는데, 소문이나 고발 등을 통해 이단자를 찾아내고 조사했지요. 재판관들은 이단자를 찾아내면 곧바로 처벌하지 않았어요. 이단자에게 보름 또는 한 달의 기간을 주어 자신의 죄를 뉘우치고 신앙을 고백할 기회를 주었지요. 그래서 그에게 가벼운 벌을 내리거나 사면 받을 수 있게 했어요.

　그러나 이단자가 이를 거부하면 종교 재판을 열어 그에게 형벌을 내렸지요. 형벌은 기도하고 금식하는 것에서부터 감옥에 가두고 재산을 몰수하는 등 여러 가지가 있는데, 유죄 판결을 받고 회개하지 않는 이단자는 사형에 처했어요. 이단자는 자백이 가장 좋은 증거가 되기 때문에 자백을 얻기 위해 갖은 고문이 행해졌어요.

　종교 재판소를 통한 종교 재판은 1820년 이후 거의 자취를 감추었어요.

유재원 변호사와 함께 생각해 보기

 과학을 재판으로 다룰 수 있을까?

갈릴레이 재판을 보면 참 우습지 않니? 과학적인 사실에 대해서 재판을 하고 "지구가 돌지 않고 태양이 지구를 도니까 갈릴레이는 거짓말을 했다."는 결론을 내린 일은 참 황당한 일이지.

재판은 '판사라는 법률전문가가 세상일의 애매모호한 사항에 대해 법률에 근거해서 결정을 내리거나 판단해 주는 제도'야. 사람 사이에 벌어지는 돈·계약 등의 온갖 문제라든가, 범죄를 저지른 죄인을 처벌하든가, 「헌법」이나 법률이 어떻게 해석되어야 하는지를 판단해 주는 거란다. 그런데 재판으로 할 수 없는 것이 있어. 이런 것을 전문용어로 '사법권의 내재적 한계'라고 해. 이른바 재판을 해서 판단을 할 수 없는 것들이라는 거야. 판사(사법부 또는 사법권)가 재판을 할 수 없는 사항들은 대표적으로 다음과 같은 것들이 있단다.

① 종교적인 문제에 대한 판단(신이 있느냐 없느냐의 문제, 신을 모독했느냐 안 했느냐의 문제 등등) ② 사회과학이나 자연과학의 여러 진리·현상에 관한 판단(피타고라스 정리가 사실인지 아닌지의 사실, 지구가 둥그냐 아니냐의 사실 등등) ③ 정치 현실에 대한 평가(우리나라의 대통령이 훌륭한지 아닌지의 문제, 미국의 공화당이 올바른지 민주

당이 올바른지의 문제) ④ 경제 문제나 문화 현상에 대한 평론(우리나라 주가가 폭락한 이유, 클래식 음악과 힙합음악 중에 어느 것이 나은지의 문제, 독신주의가 좋은지 결혼하는 것이 좋은지의 문제 등등) ⑤ 역사적 사실에 대한 평가(이승만이 김구보다 훌륭했는지, 이성계가 고려를 무너뜨려 조선 왕조를 만든 것이 잘한 일인지 등등)

너희들이 생각하기에 어떠니? 너희들 생각에도 이런 것들은 판사가 재판으로 삼기에 부적절한 것으로 보일 거야. 이런 문제들을 재판으로 해결하려 하면 참 우습지 않겠니? 특히 사회 현상이나 과학적 진리는 무수한 사례와 증명을 통해 결과가 나오는 것인데, 한두 사람의 판사가 "피타고라스 정리는 틀렸다. 그 정리를 주장하는 사람들은 위법하다."라거나, "서울에 인구가 많아 범죄가 늘어나고 있는 것은 문제가 있다. 따라서 서울의 인구를 지방으로 옮기지 못하게 하는 정치인은 처벌받아야 한다."라는 판단을 내리면 국민들도 참 난감하겠지.

자, 갈릴레오 갈릴레이는 그때 유행한 종교 재판을 받았단다. 과학적 진리에 대해 종교 재판을 받은 거야. 물론, 종교 재판이라고 해서 무조건 나쁜 것은 아니고 종교의 교리에 어긋나는 행동을 처벌받는 것은 나름대로 이해가 갈 수 있어. 성경 말씀에 도둑질을 하지 말라고 했고 「교회법」에 "절도죄를 벌금으로 처벌한다."라고 되어 있으면 성경 말씀이 틀렸다고 모독하는 사람은 엄하게 처벌될 수도 있어. 어린아이를 버리거나, 가정이 있는 사람이 다른 사람과

연애를 한다거나, 정당한 물건 값을 주지 않은 경우 「교회법」에 따라 처벌된 예가 실제로 있단다. 이런 것들은 근대의 법학자들도 크게 문제 삼지 않았단다. 중세의 「교회법」에도 나름의 법 질서가 올바르게 작용했다는 거지.

그런데 수학자이자 과학자였던 갈릴레이가 "태양이 도는 것이 아니고 지구가 돈다."라고 했다면 이것은 과학적 주장인 거야. 물론 프톨레마이오스 같은 사람들의 반대론(태양이 돈다는 논리)도 있을 수 있고 말이야. 이처럼 과학은 다양한 주장들이 서로 논리적으로 다투기도 하면서 점점 발전하는 거잖니. 한데 갑자기 과학 문제에 교회가 개입해서는 갈릴레이보고 "천동설이 맞다고 말하라. 그것이 「교회법」에 합당하다."라고 하니 참 불합리한 것이었지.

자, 여러분은 어떤 판단을 할 수 있겠니? 그래. 이런 문제들은 사법적으로 판단할 수 없는 대표적인 사항이었던 거야. 재판에는 사법 본질상의 한계가 있는데 이번 갈릴레이 사건은 과학적인 진리와 관련된 것이고 종교적인 사항까지 들어가 있지 않니? 그러니까 애초부터 갈릴레이에 대한 재판은 문제가 있는 거야. 갈릴레이가 "과학의 영역에 개입하고 거짓된 천동설을 유포하는 로마 교황청은 문제가 있다. 내 지동설이 과학적으로 옳다."라고 해도 재판소는 그런 것에 대해 재판할 수 없는 거란다. 하지만 그 당시에 갈릴레이는 서슬 퍼런 교황청의 기세에 눌려 어쩔 수 없이 성경 말씀에 위배된 지동설은 잘못된 것이라고 했지. 물론 너희들도 알고 있다시피 그래도 과학자답게 꿋꿋하게 "그래도 지구는 돈다."라고 믿었다잖니. 역시 진리의 힘은 위대한 것이야.

 예술을 재판으로 다룰 수 있을까?

생각을 넓혀 보자. 예술 영역에 대한 재판은 어떨까? 앞에서 본 대로 예술 영역이 사법권의 한계를 벗어나는 것이라고 생각하는 사람은 "예술을 판사들이 재판하는 것은 옳지 않다."라고 할 거야. 그런데 예술이라고 해도 사회적으로 볼 때 음란하거나 유해한 요소를 담고 있다면 어떨까? 이 경우에는 형법에 따라 처벌될 수도 있단다.

우리나라에서도 성냥갑(유엔성냥)에 그려진 프랜시스 고야(스페인 화가)의 명화 「옷을 벗은 마하」를 음란하다고 판결했었고, 마광수 교수가 쓴 『즐거운 사라』라는 작품도 음란물로 보았단다. 모두 예술로 보기에는 음란성이 짙고 외설물에 가깝다는 것이었어(참고로 그런 기준에 따르면 고야의 「옷을 입은 마하」라는 작품은 음란하지 않단다). 그런데 요즘의 관점에서 보면 어떨까? 마광수 교수의 책은 그렇다 쳐도 고야라는 위대한 화가의 누드화가 음란물이라고 보는 것은 좀 심하다는 주장도 있어. 누드화는 인체의 아름다움을 가식 없이 그대로 표현하기 위한 것일 뿐인데 법원이 그것을 음란하다고 판단하는 것은 성급하다는 것이야. 아까 말한 대로 예술은 사법권의 한계를 넘어서는 독자적인 영역에 있는데 예술을 재판으로 판단하는 것은 문제가 있어. 하지만 법원으로서는 사회 질서를 유지하기 위해 과격한 표현이나 사회 질서를 어지럽히는 행위를 제재할 필요성도 있지. 앞으로 어떤 예술 작품이 음란하냐, 폭력적이냐, 유해하냐 여부를 판단하는 문제는 두고두고 재판의 소재가 될 것 같구나.

다행히 숨통이 트이는 일도 있었어. 예술의 가치를 나름대로 인정한 판결도 있단다. 1926년 브랑쿠시라는 조각가가 「공간 속의 새」라는 작품을 선보였는데 이 작품에 감동한 한 사람이 작품을 미국으로 가져갔어. 그런데 미국 세관에서 이 작품에 관세를 매기는 거야. 그것도 주방용기 항목으로 분류해서 말이지. 세관 직원 말은 "이것은 예술작품이 아니고 단지 쇠파이프로서 다른 주방용기와 다르지 않다. 그러니 230달러의 관세를 내야 한다."라고 한 거야. 작품 주인은 "이것은 분명히 새를 표현한 예술 작품이다. 예술 작품에 대해서는 관

「옷을 벗은 마하」

「옷을 입은 마하」

세가 면제되니 관세를 낼 수 없다."라고 했지.

당연히 관세에 관한 소송으로 번져서 판사 앞에 불려갔어. 판사는 작품 주인에게 "이것이 새라고 보십니까?"라고 했고 작품 주인은 "예, 이것은 새입니다. 새를 이처럼 아름답게 표현했지요."라고 했어. 그러자 판사는 좀 심술이 났는지 "사냥을 갔는데 만약 나무 위에 저 물건이 있으면 새라고 보고 총을 쏘겠느냐?"라고 하니 작품 주인이 아무 말도 못했단다. 세관은 이제 이겼다고 생각했겠지. 그런데 다행히도 판사는 그 작품이 조각가의 위대한 예술 작품인 것을 알았단다. 그러면서 이렇게 판결을 내렸어. "새를 연상하기엔 어렵지만 작가가 만든 작품이며 외관이 아름답기 때문에 미술품(예술 작품)이 맞다."라고 하면서 관세를 면제시켜 주었단다. 이렇게 열린 눈을 가진 판사들이 많다면 세상에는 더욱 현명한 판결이 많아지지 않겠니?

**브랑쿠시 작,
「공간 속의 새」**

일곱 번째 재판 　아미스타드 호 반란 사건 재판

전설적인 노예 해방 재판

별별이는 매주 금요일이 기다려졌습니다. 금요일은 '어린이 로스쿨'이 열리는 날이기 때문입니다.

'오늘은 변호사 아저씨가 어떤 재판 이야기를 들려주실까? 재판 이야기는 들을수록 흥미롭단 말이야.'

별별이는 설레는 마음으로 교실을 찾아갔습니다.

아이들도 같은 마음인지 일찍 와서 교실에 앉아 있었습니다.

변호사 아저씨가 출석을 부르고 나자, 고을이가 큰 소리로 외쳤습니다.

"오늘은 재판 이야기부터 들려주시면 안 돼요? 그럼 강의 시간 내내 떠들지 않고 조용히 있을게요."

변호사 아저씨가 빙그레 웃었습니다.

"좋아. 고을이 덕분에 오늘은 교실이 절간처럼 조용하겠구나. 가만 있자, 무슨 이야기를 들려줄까? 옳지, 전설적인 노예 해방 재판인 아미스타드 호 반란 사건 재판을 먼저 소개해야겠다."

1839년 이른 봄의 어느 날이었어. 서아프리카 시에라리온의 '마니'라는 마을에 사는 멘데 족 청년 싱베는 아침 일찍 집을 나섰어. 그는 아내와 세 명의 어린 자식을 두고, 아버지를 모시고 사는 젊은 가장이었지.

"일찍 들어오세요."

"응. 일을 마치면 날이 어두워지기 전에 집에 돌아올게."

싱베는 아내의 배웅을 받으며 밭을 향해 걸음을 옮겼어. 그는 농사를 짓는 농부였는데, 그의 밭은 마을에서 좀 떨어진 곳에 있었지. 싱베가 밭에 거의 다 왔을 때였어. 갑자기 네 명의 흑인이 그의 앞을 가로막는 거야.

"당, 당신들은 누구요? 왜 남의 가는 길을 막는 거요?"

싱베는 뒷걸음질 치며 날카롭게 소리쳤어.

네 명의 흑인 가운데 얼굴이 험상궂은 사람이 기분 나쁜 웃음을 흘리며 말했어.

"우리가 누구냐고? 너를 좋은 세상으로 보내 주려고 온 사람들이지. 조용히 우리 뒤를 따라오너라."

싱베는 주먹을 불끈 쥐며 상대를 노려보았어.

"네놈들의 정체를 내가 모를 줄 아느냐? 네놈들은 죄 없는 사람들을 붙잡아 백인들에게 팔아넘기는 장사꾼들이지?"

싱베는 이들에 대한 소문을 듣고 있었어. 이들은 노예 사냥꾼들로, 흑인을 납치하여 포르투갈 상인에게 팔아넘기고 있었거든.

"하하하! 보기보다 영리한 놈이로구나. 우리 정체를 알았으니 이제 순순히 우리와 같이 가실까?"

노예 사냥꾼들은 싱베의 양팔을 붙잡았어. 싱베는 몸부림치며 소리쳤지.

"비켜라! 이 인신매매범들아, 내가 왜 네놈들과 같이 가느냐?"

싱베는 젖 먹던 힘을 다해 그들의 손을 뿌리쳤어. 그리고 죽을힘을 다해 달아나기 시작했지. 그러나 그들은 발이 엄청 빨랐어. 싱베는 얼마 못 가 그들에게 붙잡히고 말았단다.

싱베는 시에라리온의 롬보크에 있는 노예 수용소로 끌려갔어. 이곳은 '바라쿤'이라 불리는데, 노예 사냥꾼들이 팔아넘긴 흑인들이

수용되어 있었지.

바라쿤은 바닷가 근처 숲속에 있는 비밀 요새에 자리 잡고 있었어. 비밀 요새를 만든 사람들은 포르투갈 상인들이었지. 이들은 노예 사냥꾼들이 사냥해 온 사람들을 사들여 바라쿤에 가둬 두었다가, 노예들을 실어 나르는 배가 도착하면 배에 태워 아메리카 대륙으로 떠나보냈단다.

당시에 시에라리온은 영국의 식민지였어. 영국에서는 1807년에 노예 제도를 폐지했기 때문에 노예 거래를 하는 것은 불법이었지. 그래서 시에라리온에서는 영국 전함들이 해안을 순찰하며 노예선들을 단속하고 있었어. 따라서 포르투갈 상인들은 영국 전함의 감시와 순찰을 피하기 위해 비밀 요새에 망루를 설치했어. 망루에 이십사 시간 보초를 세워 해안을 경계했지.

포르투갈 상인들은 영국 전함들이 보이지 않을 때 재빨리 배를 해안에 정박시켜 노예들을 태웠어. 노예들을 발가벗겨 다섯 명 또는 열 명씩 쇠사슬로 묶은 뒤 배 안에 가두는 거야.

싱베는 바라쿤에서 두 달 동안 갇혀 있었어. 바라쿤은 사방 3미터 벽의 매우 비좁은 방이었어. 그 안에 수백 명의 노예들을 처넣어, 두 다리를 쭉 뻗고 제대로 누울 수도 없었어. 병에 걸려 죽는 사람들도 많아 방 안에는 시체 썩는 냄새가 진동했지. 게다가 그곳에는 화장실도 제대로 갖춰지지 않아 똥 냄새가 코를 찔렀단다.

싱베는 노예 수백 명과 함께 포르투갈의 노예선 테코라 호에 태워졌어. 배는 빠른 속도로 쿠바의 아바나를 향해 출발했지. 노예선 선장은 배에 노예들을 싣기 전에 노예 상인들과 값을 흥정했어. 당시에 노예선을 몰고 서아프리카 해안에서 쿠바의 아바나까지 수송하면 4만 달러 이상을 벌었다는구나. 배 수십 척을 살 수 있는 어마어마한 금액이었지.

시에라리온에서 쿠바까지는 먼 거리였어. 대서양을 건너야 했기에 석 달이나 걸렸지. 쿠바의 아바나에 닿기 전에 수많은 사람들이 죽었어. 제대로 먹지도 못하고 오랫동안 갇혀 지냈기 때문에 쇠약해진 몸으로 긴 여행을 하는 것은 무리였지. 많은 사람들이 병에 걸려 죽어갔어. 선원들은 중병에 걸린 노예는 바다에 던져 버렸지.

노예들이 갇혀 있는 배의 맨 아래 선실은 지옥이나 다름없었어. 천장이 1미터가 채 안 되어 일어설 수도 없었지. 몹시 비좁아 눕지도 못하고 앉은 채 잠을 자야만 했단다. 용변을 보는 것도 문제였어. 다섯 명씩 쇠사슬로 묶여 있어 화장실에 가려면 다 같이 움직여야 했지. 그런데 하도 급해 화장실에 가기 전에 볼일을 보는 경우가 많아, 노예들은 똥오줌 위에 앉아 여행을 할 수밖에 없었단다.

노예선 테코라 호가 쿠바의 아바나에 다다른 것은 1839년 6월의 어느 날이었어. 당시에 쿠바는 스페인의 식민지로, 스페인 정부의 방침에 따라 1820년부터 노예 거래를 금하고 있었어. 그래서 다른 나라에서 쿠바로 노예를 들여올 수가 없었지. 그러나 노예 상인들은 관리들의 눈을 피해 몰래 노예를 쿠바 땅으로 들여왔어. 테코라 호는 밤의 어둠을 틈타 아바나 항구 근처에 와서, 노예들을 보트에 나눠 실어 육지로 보낸 거야. 아바나에는 노예들을 가둬 두는 비밀 요새가 있었어. 노예들은 모두 이곳으로 옮겨졌지.

그러던 어느 날, 노예 수용소로 스페인 사람이 찾아와서 말했어.

"나는 쿠바의 푸에르토 프린시페에서 농장을 운영하는 돈 호세 루이즈요. 내 농장에서 일할 노예를 사러 왔소."

루이즈는 노예 상인과 흥정하여 49명의 흑인 노예를 사들였어. 노예 상인은 루이즈에게 '트라스파소'라는 서류를 떼어 주었지. 트라스파소는 쿠바 총독이 발행한 것으로, '49명의 흑인 노예는 라디노이며, 그 주인은 돈 호세 루이즈다. 노예를 푸에르토 프린시페로 데려가는 것을 허가한다.'라고 적혀 있었어.

라디노는 1820년 이전에 쿠바로 들여온 노예이거나 노예의 후손이라는 뜻이었지. 쿠바에서는 공식적으로 노예 거래를 금하면서도 라디노에 한해서 트라스파소(노예 거래증명서)만 있으면 노예를 사고파는 것을 허용했거든. 즉, 노예 상인은 서류를 거짓으로 꾸며 루이즈에게 노예를 판 셈이었지.

새 주인 루이즈는 노예들을 푸에르토 프린시페로 데려가려고 쾌속 화물 범선인 아미스타드 호에 태웠어. 이 배의 선주이자 선장은 라몬 페레르였으며, 스페인 항해사 두 명과 노예 선원 두 사람이 있었어. 노예 선원 안토니오와 셀레스티노는 요리를 하거나 잔심부름을 했지. 루이즈는 배를 출발시키기 전에 항구에서 같은 스페인 사람인 돈 페드로 몬테즈를 만났어. 몬테즈는 어린이 흑인 노예 네 명을 사서 데리고 있었는데, 아미스타드 호에 태워 함께 여행을 하기로 했지. 이리하여 아미스타드 호에는 모두 53명의 흑인 노예가 타고 있었단다.

1839년 6월 27일, 아미스타드 호는 드디어 아바나를 떠났어. 돛을 높이 세우고 넓은 바다를 향해 나아갔지. 그러나 운항은 순조롭지 못했어. 바람이 제때 불지 않아 배가 빠르게 나아가지 못했지.

페레르 선장은 걱정이 되었어.

'배가 느려서 큰일이네. 노예들의 식량을 나흘 치밖에 준비하지 못했는데…….'

페레르 선장은 생각다 못해 식량 배급을 줄이기로 했어. 나흘 치 식량을 일주일 동안 나눠 지급하기로 한 거야. 노예들은 식량 배급이 줄자 배고파 견딜 수가 없었어. 그래서 어떤 노예들은 물로 배를 채우려고 물을 벌컥벌컥 마셨지.

"이놈들이 미쳤나? 물을 왜 이렇게 많이 마시는 거야."

선원들은 그냥 지나치지 않았어. 물을 많이 마신 노예들을 인정사정없이 채찍으로 갈긴 거야. 벌거벗은 몸에 채찍을 맞아 살점이 찢기고 피가 흐르며 온몸이 금세 상처투성이가 되었지. 그런데 선원들은 상처를 치료한다는 구실로 상처에 소금을 뿌리고 럼주를 끼얹었어. 그러자 노예들은 상처가 쓰리고 아파 비명을 내질렀지. 노예들은 선원들을 노려보며 앙심을 품었어.

"우리가 아무리 노예라고 해도 개돼지만도 못한 대접을 해?"

"저놈들은 사람도 아니야. 우리를 괴롭히다가 죽이려 들 거야."

"우리의 운명이 정말 그렇게 될까?"

노예들은 궁금하여 견딜 수가 없었어. 그래서 선원들 가운데 말이 통하는 노예 선원인 셀레스티노를 불러 이렇게 물었지.

"우리는 지금 푸에르토 프린시페로 가고 있지? 그곳에 도착하면 우리의 운명은 어떻게 되는 거니?"

셀레스티노가 대답했어.

"우리도 자세히 모르겠어. 내 생각엔 너희들을 잡아먹을걸."

"뭐라고? 그게 정말이야?"

노예들은 소스라치게 놀랐어. 그래서 노예 선원들이 자리를 뜨자 싱베는 다른 노예들에게 이렇게 말했지.

"저놈들이 우리를 잡아먹는다는데 이대로 앉아서 당할 수만은 없어. 우리가 먼저 저놈들을 해치우자. 그리고 배를 몰아 아프리카로 돌아가는 거야."

"좋아, 좋아. 반란을 일으켜 배를 빼앗아 버리자."

그로부터 닷새가 지났어. 그날 밤 싱베는 선원들이 잠든 사이에, 갖고 있던 못으로 자기 목을 채운 쇠사슬을 풀었어. 그리고 다른 노예들의 쇠사슬도 풀어 주었지.

"선원들을 해치우려면 무기가 있어야 해. 배의 화물칸에 칼이 있다."

노예들은 화물칸을 털어 칼을 꺼냈어. 그러고는 선실로 달려갔지.

선원들은 잠들어 있었어. 노예들은 순식간에 페레르 선장과 셀레스티노를 해치웠지. 그런데 스페인 항해사 두 명은 노예들보다 동작이 빨랐어. 재빨리 선실에서 뛰쳐나가 보트를 타고 달아났단다.

이제 남은 것은 농장 주인인 루이즈와 몬테즈, 그리고 노예 선원인 안토니오였어. 싱베가 말했어.

"우리는 배를 조종할 줄 모른다. 루이즈와 몬테즈가 선장 출신이라고 하니 이들에게 배를 몰게 하자. 안토니오는 우리말을 조금 알아들으니 우리와 루이즈, 몬테즈 사이에 통역을 맡기자."

"좋았어. 안토니오를 통해 두 사람에게 우리 뜻을 전하자."

이윽고 안토니오가 싱베에게 들은 말을 그대로 전했어.

"너희들은 당장 서아프리카 시에라리온으로 배를 몰아라. 우리 말을 듣지 않으면 바다 속에 처넣어 고기밥으로 만들어 버리겠다."

루이즈와 몬테즈가 부들부들 떨면서 고개를 끄덕였어.

"알았어. 시키는 대로 할게. 제발 우리를 죽이지 마."

배의 키를 잡은 것은 몬테즈였어. 그는 낮에는 아프리카를 향해 동쪽으로 배를 몰았지만, 밤에는 서쪽으로 배를 몰았어. 아메리카 대륙의 해안에서 멀어지지 않으려고 무진 애를 썼지. 그러다가 얼마 뒤부터는 지그재그로 배를 몰았어. 그리하여 한 달 반 뒤에는 자신의 계획대로 미국 땅인 뉴욕의 롱아일랜드 근처에서 미 해군 군함에게 발견되었단다.

아미스타드 호를 발견한 것은 워싱턴 호의 함장 토머스 제드니 소령이었어. 그는 이 배를 조사했는데, 배 안에 갇혀 있는 루이즈에게 노예들의 폭동에 대해 듣고는 아미스타드 호를 코네티컷 주의 뉴헤이븐 항으로 끌고 갔지. 이때가 1839년 8월 27일이었어.

이틀 뒤, 워싱턴 호의 배 안에서는 뉴헤이븐 지방 법원 저드슨 판사가 와서 조사를 시작했어. 이 자리에서 루이즈와 몬테즈는 싱베가 노예들과 함께 반란을 일으켜 사람들을 죽였다는 내용의 고소장을 올렸어. 그리하여 약식 형사 재판이 시작되어 공소장이 낭독되었고, 저드슨 판사는 증거 조사를 벌였지. 고소인인 루이즈와 몬테즈는 트라스파소를 내보이며 아미스타드 호의 항해 과정과 노예들의 반란에 대해 자세히 증언을 했단다.

그러자 저드슨 판사는 아미스타드 호에 가서 현장 조사를 하고는, 워싱턴 호로 돌아와 선장실에서 재판 결정문을 읽었단다.

"호세프 신케이(싱베)를 비롯한 39명의 피고인들은 정식 재판으로서 9월 17일 하트퍼드 순회 법원에서 재판을 받아야 한다."

싱베는 트라스파소에 '호세프 신케이'라는 스페인식 이름으로 적혀 있었어. 1820년 이전부터 쿠바에 살았던 사람이 아니라는 사실을 숨기려고 노예 상인에 의해 그런 이름이 지어졌던 거야. 다른 노예들도 마찬가지였지.

싱베를 비롯한 흑인 노예들은 뉴헤이븐 교도소에 갇혔어. 이제부터는 정식 재판을 기다리며 감옥 생활을 하게 되었지. 흑인 노예들은 사람들에게 호기심의 대상이었어. 사람들은 흑인 노예들을 구경하려고 교도소로 몰려들었는데, 어이없게도 교도소장인 펜들턴

대령은 사람들에게 이렇게 말했어.

"피고인들을 보려면 1실링을 내시오. 이 돈은 피고인들의 복지 향상에 쓰일 것이오."

사람들은 1실링씩을 내고 교도소로 들어가서, 감방에 갇힌 흑인 노예들을 실컷 구경했단다. 그 가운데는 뉴욕에서 온 조슈아 리비트 목사가 끼여 있었어. 그는 노예 해방 운동을 벌이는 사람이었지.

리비트 목사는 흑인 노예들을 도우려고, 뉴욕으로 돌아와 미국 노예 해방 협회 뉴욕 지부 회원인 사업가 루이스 테판과 더불어 모금 운동을 벌였어. 그리고 노예 해방 운동가로 유명한 로저 볼드윈 등 세 사람을 변호사로 고용했지.

볼드원이 테판에게 말했어.

"아프리카 사람들을 변호하려면 우선 저들과 말이 통해야 합니다. 통역할 사람을 구해야겠어요."

"제가 찾아보지요."

테판은 싱베의 고향 말인 서아프리카 시에라리온의 멘데 족 말을 알아듣고 통역할 사람을 찾아 나섰어. 그는 뉴헤이븐을 비롯하여 온 뉴욕을 헤매 다녔지.

그러던 어느 날, 테판은 여러 나라 말을 잘하는 아프리카 사람 셋을 찾아내 뉴헤이븐 교도소로 데려갔어. 그 가운데는 존 페리라는 사람이 있었어. 페리는 자신의 고향 말인 비시 어와 멘데 어를 섞어 싱베에게 말을 걸었는데, 싱베는 그 말을 알아듣는 거야. 테판은 기쁜 표정을 지었어.

"이제 됐다. 볼드원 변호사가 아프리카 사람들을 변호할 수 있게 되었어."

 볼드윈 등 세 사람의 변호사는 페리를 통역으로 내세워 싱베로부터 지난 이야기를 자세히 들었어. 그제야 그들은 노예로 끌려온 사람들이 어떤 고난을 겪었는지 확실히 알게 되었지.

 한편, 그즈음 루이즈와 몬테즈는 자기들의 재산인 흑인 노예들을 되찾으려고 발 벗고 나섰어. 미국 보스턴의 스페인 영사에게 문제 해결을 부탁했는데, 스페인 영사는 미국 정부에 이렇게 호소했어.

 "아프리카 사람들은 스페인의 재산입니다. 미국 법원의 간섭 없이 곧바로 스페인에 반환되어야 합니다."

 1839년 9월 18일, 드디어 아프리카 사람들에 대한 재판이 하트퍼드 순회 법원에서 열렸어. 심리는 닷새 동안 이루어졌는데, 스미스 톰슨 판사는 페레르 선장과 셀리스티노의 살인과 관련된 형사 사건은 재판권이 없다고 결정했지. 이 사건은 스페인 배에서 일어났기 때문에 그에 대한 재판은 스페인에서 해야 한다는 거야.

 또한 아미스타드 호를 발견한 제드니 소령이 미국 연방법에 따라 조난선 구조에 대한 보상금을 요구하고 나섰단다. 톰슨 판사는 이에 대한 판단은 순회 법원이 아니라 연방 지방 법원에서 결정해야 한다고 했어. 그래서 자꾸 재판할 법원이 문제가 되자 재판은 연방 지방 법원으로 넘겨졌지.

 재판은 1840년 1월 7일, 뉴헤이븐 지방 법원에서 열렸어. 이 자리에서는 싱베 등 아프리카 사람들이 증언을 했어. 싱베는 고향에서 노예 사냥꾼에게 붙잡힌 일을 비롯하여 자신이 이제까지 겪은 일을 법정에서 모두 이야기했단다.

1월 13일 아침, 저드슨 판사는 판결을 내렸어.

"제드니 소령의 구조 활동은 보상받을 만하다. 그 보상금은 배와 화물 가치의 3분의 1에 해당한다. 다만 아프리카 사람은 물건이 아니니, 화물 가치에 포함되지 않는다. 아프리카 사람들은 노예가 아니다. 이들은 자유롭게 태어났고 지금도 노예가 아닌 자유인이다. 따라서 루이즈와 몬테즈의 재산이 될 수 없다. 이들은 불법 납치된 자유인이고, 스페인 사람들에 대한 저항과 살인도 정당방위에 해당하여 무죄이다. 그러므로 스페인 정부에게 재판받을 의무도 없다. 아프리카 사람들은 고향으로 돌려보내야 한다."

아프리카 사람들은 판결 소식을 듣고 만세를 불렀어.

"만세! 이제 드디어 고향에 돌아가게 되었어."

그들은 기쁨의 눈물을 흘렸단다.

하지만 재판은 거기서 끝나지 않았어. 미국 정부가 스페인 정부의 압력을 받아 연방 대법원에 상고를 한 거야.

이 재판에서 흑인들의 변호를 맡은 사람은 로저 볼드윈과 존 퀸시 애덤스였어. 애덤스는 제6대 미국 대통령을 지낸 인권 변호사였지. 그는 흑인들을 변호하며 이렇게 외쳤단다.

"아프리카 사람들은 자유인이며 자유를 주장할 권리가 있습니다. 저는 이 법원이 정의의 법정이라 믿기 때문에 정의가 무엇인지 고려해 주시리라 확신합니다."

1841년 3월 9일 정오에 마침내 판결이 내려졌어. '흑인들은 물건이 아닌 자유인이다.'라는 판결이었지.

싱베를 비롯한 아프리카 사람들이 고향으로 돌아간 것은 1841년

11월 25일이었어. 이들은 모금 운동으로 마련된 젠틀맨 호를 타고 50일을 항해한 끝에 이듬해 12월에 드디어 시에라리온에 닿았단다. 2년 반에 이르는 고난의 세월을 헤치고 마침내 자유인이 된 거야. 싱베는 고향에서 자유롭게 살다가 1879년에 죽어 고향 땅에 묻혔다는구나.

"흑인 노예들이 가여워요. 노예 사냥꾼들에게 붙잡혀 짐승만도 못한 대접을 받다니……."
"노예선은 지옥이나 다름없네요. 다섯 명씩 쇠사슬로 묶인 채 석 달이나 여행을 해야 하고, 중병에 걸리면 바다 속에 던져 버린다니요."
여자아이들은 금방이라도 눈물을 보일 듯 잠긴 목소리로 한마디씩 했습니다.
그때 별별이가 끼어들었습니다.
"그래도 오늘 이야기는 해피엔딩으로 끝나서 다행이에요. 흑인 노예들이 반란을 일으켜 큰 벌을 받을까 조마조마했는데, 재판을 잘 받아 고향 아프리카로 돌아갈 수 있었으니 말이에요."
"맞아. 나도 그렇게 생각해. 아저씨, 다음 이야기도 해피엔딩으로 끝나요?"
판관이가 눈을 껌벅이며 물었습니다.
"글쎄다. 다음 이야기는 여성이 참정권이 없던 시절의 이야기인데 너희들이 듣고 판단해 볼래?"
변호사 아저씨는 헛기침을 한 번 하더니 이야기를 시작했습니다. 아이들은 입을 다물고 귀를 쫑긋 세웠습니다.

⚖️ 아프리카 사람들은 어떻게 노예로 끌려갔나?

1492년 콜럼버스가 아메리카 대륙을 발견한 이후, 스페인과 포르투갈은 아메리카 대륙을 식민지로 삼았어요. 그 땅의 원주민인 인디언들을 노예로 만들어 라틴아메리카, 서인도 제도의 은광이나 사탕수수 농장, 담배 농장 등에서 동물처럼 부려먹었지요.

그러나 시간이 흐르면서 아메리카 인디언들의 수는 급격하게 줄어들었어요. 엄청난 혹사를 당하기 때문에 죽거나 달아나는 사람들이 많았기 때문이지요. 더욱이 라스카사스 같은 선교사는 인디언의 학대에 항의하며 이런 제안을 했어요.

"불쌍하고 나약한 인디언들을 그만 괴롭히고, 아프리카 흑인들을 데려다 쓰십시오. 아프리카 흑인들은 값이 싼데다 몸도 튼튼하여 노예로 삼아 일을 부려먹기 좋습니다."

노동력이 부족하여 어려움을 겪던 스페인 사람들은 그 대안으로 아프리카 흑인 노예들을 사들여 인디언 대신 쓰기 시작했어요. 그리하여 스페인, 포르투갈, 영국 등 유럽의 흑인 노예 무역상들은 본격적으로 '노예 사냥'에 뛰어들어 16세기부터 19세기까지 총 1500만 명 이상을 아프리카에서 신대륙으로 보냈답니다.

⚖️ 유럽인들이 아프리카에서 벌인 잔인한 노예 사냥

유럽인들은 처음에 아프리카 서해안에 있는 마을을 습격하여 젊은 흑인들을 끌고 갔어요. 하지만 이런 일이 되풀이되자 흑인들은 죽을힘을 다해 저항했고, 유럽인들도 피해를 입게 되었지요. 그러자 그들은 방법을 바꾸어 마을이나 부족들끼리 싸움을 붙였어요. 그래서 포로가 생기면 이들을 싼 값에 사들여 끌고 갔어요. 노예와 맞바꾸는 물건은 주로 럼주, 화약, 직물 등이었어요.

아프리카 서해안에서는 흑인 노예에 대한 거래가 이루어졌어요. 흑인들을 세워 놓고 몸 검사를 하는가 하면, 심한 매질을 하여 건강 상태를 점검하기도 했지요. 매를 열 대나 맞아도 끄떡없으면 높은 값을 매겼다고 해요. 거래가 끝나면 흑인 노예들은 시뻘겋게 달군 인두로 몸에 노예 무역 회사의 낙인이 찍혔어요. 그 다음엔 수갑과 족쇄가 채워져 짐짝처럼 배 안에 실렸지요.

100톤짜리 노예선에 노예 400명을 태워 엄청나게 비좁은 상태였어요. 5주의 항해 기간 동안 흑인들은 선실에 갇혀 전염병이나 굶주림에 시달려야 했지요. 이때 보통 15퍼센트에 이르는 인원이 죽었어요. 그리고 농장이나 광산 등에 도착해서도 3~4년의 적응 기간 중에 30퍼센트 이상이 목숨을 잃었다고 해요.

노예 무역은 각 나라에서 세운 무역 회사를 중심으로 이루어졌어요. 영국의 경우 1672년 왕립 아프리카 회사를 세웠는데, 먼저 영국에서 럼주, 화약, 직물 등 흑인 노예를 사는 데 필요한 물건을 싣고 아프리카로 향했어요. 그리하여 아프리카에 도착하면 럼주, 화약, 직물 등으로 흑인 노예를 사고, 신대륙으로 건너가 노예를 팔고 그 돈으로 사탕수수, 면화 등을 사서 영국으로 돌아왔지요. 이처럼 노예 무역은 유럽, 아프리카, 신대륙을 잇는 삼각 무역으로 이루어졌으며, 이를 통해 막대한 이익을 얻을 수 있었어요.

유재원 변호사와 함께 생각해 보기

 인간은 소유의 대상이 될 수 있는가?

사람은 존귀한 사람과 천한 사람으로 나눌 수 있을까? 어떤 사람은 인격체로 대접받고 어떤 사람은 동물이나 물건처럼 취급받을 수 있는 걸까? 결론부터 말하면, 사람은 그 존재 자체로도 존귀하고 고결한 인격체로서 정당한 대우를 받아야 한단다. 우리나라 「헌법」에도 '인간의 존엄성' 혹은 '행복추구권'이라고 알려진 제10조에서 "모든 국민은 인간으로서의 존엄과 가치를 가지며 행복을 추구할 권리를 가진다. 국가는 개인이 가지는 불가침의 기본적 인권을 확인하고 이를 보장할 의무를 진다."라고 명백하게 밝히고 있지. 우리나라 헌법재판소도 "「헌법」 제10조에서 규정한 인간의 존엄과 가치는 우리나라 「헌법」 이념의 핵심이다."(헌법재판소 2000. 6. 1. 결정, 98헌마 216)라고 했단다.

그런데 불행하게도 동서고금을 막론하고 노예 제도는 20세기까지도 남아 있었단다. 노예(奴隸), 그것은 사람이라는 존재를 부정하고 하나의 물건으로 취급하는 끔찍한 제도였지. 역사상 최초의 민주주의 국가였던 그리스에서도, 법의 통치를 실현한 로마에서도 노예 제도는 있었단다. 우리가 알고 있는 철학자인 플라톤, 아리스토텔레스도 노예 제도를 인정하고 있었다니 놀랍지 않니? 전쟁의 포로라든가 빚을 진 파산자 같은 사람들이 노예로 전락했고 신대륙에서는 아프리카 흑인이라는 이유로 노예의 삶을 사는 경우도 있었단다. 이번 이야기의 소재인 아미스타드 호 선상 반란 사건도 바로 선량한 아프리카 흑인을 노예로 팔려고 했던 인신매매에서 비롯했던 거지. 인류의 오랜 악습이었던 만큼 노예 제도의 해방은 꽤 오랜 시간 동안 수많은 희생을 치러야 했단다. 대표적으로 미국에서는 노예 문제 때문에 남북전쟁(Civil War, 1860~1865)이 벌어져서 수백만 명이 희생되었고 노예 해방의 아버지인 링컨 대통령이 나서서야 겨우 전쟁을 종결시켰단다.

노예 제도에 관해서는 법이론도 점점 변화해 갔단다. 그리스 솔론의 법이라든가 로마 시대의 「그라쿠스 개혁법」은 멀쩡한 사람을 노예로 만드는 제도를 과감히 개혁하는데, 그것만 봐도 과도한 빚(채무)으로 노예가 되는 제도가 당시에 상당히 만연했다는 것을 알 수 있어. 「국제법」(전쟁 포로에 관한 국제조약 등)도 없었을 때였으니 전쟁 포로가 노예로 되는 경우도 많았지. 그러나 근대에 여러 나라에서 「헌법」이 만들어진 후에는 "모든 인간은 이유 불문하고 평등한 존재이다.", "인간은 그 존재 자체로 존귀하다.", "국민은 행복을 추구할 권리를 가진다.", "인간은 천부적(하늘이 내려주신) 인권(기본권)을 가진다."라는 법이론이 확고하게 정착되었단다. 이에 따라 노예 제도는 세계 각국의 「헌법」에 위반되게 되었어. 특히 미국

「헌법」은 만들어질 당시부터 국민의 권리(기본권)를 최대한 보장하는 방향으로 성립되었고 남북전쟁 이후에는 미국 「헌법」 수정조항 제13조(노예 제도의 폐지 조항)가 생겨서 "미합중국에서 노예 제도는 인정되지 아니한다."라고 명시하게 되었지. 근대 유럽 각국 「헌법」의 효시가 되었던 독일 바이마르 공화국의 「헌법」도 인간의 존엄성을 바탕으로 한 기본적 인권의 불가침을 선언하고 있단다. 이러한 변화는 유엔헌장과 각국의 「헌법」에서 인간의 존엄성을 보장하는 것으로 정착되었어.

자, 이제 너희들의 머리를 복잡하게 한 문제는 쉽게 풀리겠지? 그래. 예전부터 전해 내려왔던 제도라고 모두 훌륭한 전통이라고 할 수는 없어. 법도 마찬가지야. 예전에는 법에서 별별 악습을 인정했을지라도, 나중에 시대가 변하면서 잘못된 관습이 바뀌면 법도 바뀌어야 해. 이제, 전 세계 모든 나라에서 노예 제도나 인신 매매 행위는 절대 금지되어야 한단다. 그것은 전 세계 어떤 나라에서도 허용될 수 없는 것이고 분명한 범죄란다. 아미스타드 호의 선원들이나 남북전쟁에서 희생된 사람들의 위대한 뜻을 이어가려면 더 이상 노예 제도는 인정할 수 없어. 인간이 물건이 아니기 때문에, 사람은 누구에게도 소유될 수 없는 존재란다. 변호사인 내가 보건대 앞으로도 이 사실은 변하지 않으리라고 본다.

정당방위는 어느 때 성립할 수 있는가?

정당방위라는 말을 들어본 친구들이 많겠지? 남이 나를 해치려고 할 때 그 공격한 사람을 상대로 방어 차원에서 적극적인 실력(무력)을 행사할 수 있는 것이 바로 정당방위지.「헌법」에서 폭행이 되거나 살인이 될 수 있는 행동이라도 그 행동이 나오게 된 이유가 정당한 방위 차원에서였다면 죄가 되지 않는 거란다. 정당방위라는 것이 허용되는 이유는 범죄 피해를 당해 놓고 나중에 그 피해를 원상 회복하는 것은 불가능하기 때문에, 그 범죄 당시에 피해자에게 충분히 방어 행위를 보장하려는 것이야. 물론 불법한 행위에 대해 방어 행동을 개시하는 것은 적법하다는 생각도 깔려 있단다.

물론 정당한 방위가 되려면 나름 엄격한 요건이 필요하단다. 정당방위가 되면 범죄 행위와 같은 행동을 해도 무죄가 되는 것이니 섣불리 인정하면 심각한 사회 문제가 되니까 그래.「헌법」(제21조)에서도 정당방위가 인정되려면 ① 현재 자기 또는 다른 사람에 대한 부당한 공격 행위가 있는 경우에 ② 자신과 다른 사람을 보호하기 위해 그 공격을 방어하기 위하여 ③ 상당한 이유를 가지고 행동하여야 하는 것이란다. 무술유단자인 너희들이 은행에 갔는데 갑자기 은행 강도가 나타나서 칼을 휘두르는 것을 보고 너희들이 달려들어서 강도를 제압한 후 묶어 놓았다고 한다면, 그것은 충분히 정당방위가 될 수 있는 것이지.

정당방위는 현재의 공격 행위에 대한 방어여야 하고 그 공격 행위는 사람의 공격이어야 해. 따라서 미친 개가 물려고 덤벼서 그 개를 발로 차는 것은 정당방위가 아니고 긴급피난이라는 다른 무죄 사유가 될 수 있지. 정당방위가 되려면 상당한 정도의 행동만이 허용될 수 있어. 어린아이가 장난감 총으로 플라스틱 총탄을 쏘며 달려들 때 그 총을 못 쏘게 하면 충분한데도, 아이를 제압해서 마구 때리면 그것은 과잉방위일 뿐 정당방위가 아니란다. 그건 폭행죄가 성립되지.

우리나라 대법원에서도 정당방위에 대해서 수많은 판결을 내린 적이 있단다. 대법원은 밤중에 성추행을 시도하는 남자를 거부하다가 혀를 물어 버린 사건에서도 정당방위를 인정했고, 말싸움 도중에 갑자기 칼을 들고 덤비는 사람에게 각목으로 저항을 한 경우도 정당방위를 인정했단다. 그런데 중요한 점은 서로 간에 싸우다가 폭행 행위가 교차된 경우는 쉽게 정당방위를 인정할 수 없다는 것이야. 어느 쪽이 공격이고 어느 쪽이 방어였는지도 구분할 수 없거니와 싸움하는 사람은 양쪽 모두에게 책임이 있다는 생각일 거야. 물론 경우에 따라 몸싸움을 하다가 갑자기 흉기를 쓰는 사람인 경우라면 앞에서 본대로 판례상 정당방위가 될 수도 있을 거야.

우리나라 사람들이 좀 다혈질이지 않니. 그래서 말다툼에서부터 몸싸움까지 별별 일이 많은데, 예전에는 경찰과 검찰에서 쌍방을 모두 폭행죄로 형사 입건하기도 했어. 하지만 요즘에는 경우에 따라 싸움에 말려든 억울한 피해자에게는 정당방위를 인정해 주기도 한단다. 경찰청이 발표한 정당방위 요건을 알려줄게. 중요한 점은 아래의 8가지 요건을 모두 갖추어야 정당방위가 되는 거란다.

| 대한민국 경찰청이 말하는 정당방위 요건 8가지 |
1. 침해 행위에 대해 방어하기 위한 행위일 것
2. 침해 행위를 도발하지 않았을 것
3. 먼저 폭력 행위를 하지 않았을 것
4. 폭력 행위의 정도가 침해 행위의 수준보다 중하지 않을 것
5. 흉기나 위험한 물건을 사용하지 않았을 것
6. 침해 행위가 저지되거나 종료된 후에는 폭력 행위를 하지 않았을 것
7. 상대방의 피해 정도가 본인보다 중하지 않을 것
8. 치료에 3주(21일) 이상을 요하는 상해를 입히지 않았을 것

하하, 정당방위라는 것에 대해 조금 알아보려 했는데 너무 깊고 어렵게까지 설명이 된 것 같구나. 하지만 좋은 약이 입에 쓰듯이 이번에 배운 어려운 내용들이 실제로 세상을 살아가는 데 큰 도움이 될 거란다. 아까 본 아미스타드 호의 선원들도 훌륭한 변호사를 만나서 긴긴 법정 공방 끝에 무죄 판결을 받아내질 않니. 이것이 바로 법이 가진 힘이란다. 정의의 승리라고 볼 수 있지.

여덟 번째 재판 수전 B. 앤서니 재판

여성에게도 투표할 권리가 있다

1872년 11월 1일 아침이었어. 수전 B. 앤서니는 여동생 세 명과 함께 미국 뉴욕 주 로체스터에 있는 이발소 건물로 들어갔지. 그곳은 11월 5일의 대통령 선거 날을 앞두고 투표자 등록소로 사용되고 있었어.

"투표자 등록을 하러 왔는데요."

수전이 찾아온 용건을 밝히자 투표자 등록소 직원들은 눈이 휘둥그레졌어.

"여자가 무슨 투표를 해요? 여자한테는 참정권이 없다는 것을 모르시나요?"

참정권은 국민이 국정에 직접·간접으로 참여하는 권리를 말한단다. 선거권, 피선거권 등이 참정권에 속하지. 당시 미국에서는 여성에게 참정권이 없었어. 여성이 인구의 절반이나 되는데도 참정권은 「헌법」에도 명시되어 있지 않았어.

투표자 등록소 직원들이 이런 사실을 밝히며 투표자 등록을 거부하자, 수전은 눈을 크게 뜨고 목소리를 높였어.

"당신들은 미국 「헌법」에 수정조항이 있다는 것을 모르시나요? 「헌법」 수정조항 제14조에 '미국에서 태어났거나 미국 국적을 얻은 모든 사람은 미국 시민이고, 이들의 시민권과 자유는 제한되어서는 안 된다.'고 되어 있습니다. 그리고 「헌법」 수정조항 제15조에 '연방 정부나 주 정부는 인종, 피부 색깔 또는 전에 예속적 지위에 있었다는 이유로 시민의 투표권을 부정하거나 제한할 수 없다.'고 되어 있습니다. 여성도 사람이라면 미국 시민 아닌가요? 여성이 미국 시민이라면 수정조항에 따라 당연히 시민의 투표권을 갖고 있습니다. 아시겠습니까?"

투표자 등록소 직원들은 말문이 막혔어. 「헌법」에는 남성만이 투표할 권리가 있다고 밝혀 놓지 않았거든. '미국에서 태어났거나 미국 국적을 얻은 모든 사람은 미국 시민'이라고 했는데, 여기에는 여성도 포함된단다. 그리고 '이들의 시민권과 자유는 제한되어서는 안 된다.'고 분명히 밝혀져 있는데, 이것은 '시민의 투표권을 부정하거나 제한할 수 없다.'고 말하고 있는 거야.

이런 수정조항들이 덧붙여진 것은 1865년 남북전쟁이 끝난 뒤였어. 그 내용이 많아 「수정헌법」이라고도 하지. 수정조항 제13조로 노예 제도가 없어졌고, 수정조항 제14조로 해방된 노예들에게 참정권을 뺀 모든 시민의 권리와 자유를 인정받았지. 또한 수정조항

제15조로 흑인들의 투표권도 인정받았어.

수전은 1869년에 만든 '전국 여성 참정권 협회' 회장이었어. 그는 전국을 돌아다니며 이렇게 부르짖었어.

"우리 여성들도 미국 시민입니다. 따라서 남성들과 마찬가지로 투표할 권리가 있습니다."

수전은 여성들도 참정권이 있기 때문에 투표를 할 수 있다고 믿었어. 그래서 대통령 선거 날에 투표를 하려고 투표자 등록소를 찾아온 거야.

투표자 등록소 직원들은 손사래를 치고 고개마저 저었어.

"글쎄, 안 된다니까요. 우리는 등록을 받아들일 수 없어요."

투표자 등록소 직원들이 끝내 물러서지 않자 수전은 화가 나서 소리쳤어.

"당신들, 계속 이렇게 나올래요? 시민으로서 내 당연한 권리를 받아들이지 않으면 나도 가만있지 않겠어요. 당신들을 모두 고발하겠어요. 내 전 재산을 바쳐 손해 배상 청구 소송을 해서, 당신들을 알거지로 만들겠다고요."

수전은 52세로 평생 여성 운동을 했기 때문에 재산을 모으지 못했어. 재산은커녕 수천 달러에 이르는 빚을 안고 있었어. 변호사를 사서 재판을 할 만한 형편이 못 되었지. 이런 사정을 모르는 투표자 등록소 직원들은 수전의 협박에 잔뜩 겁을 집어먹었어. 그래서 겁먹은 표정으로 저희들끼리 수군거리더니 수전에게 다가와서 말했어.

"좋습니다. 투표자 등록을 받아들이도록 하지요."

수전은 기쁜 표정을 지었어.

"잘 생각하셨어요. 고마워요."

수전은 여동생들과 함께 투표자 등록을 했어.

그날 수전을 따라 투표자 등록을 한 여성은 모두 15명이었어.

대통령 선거 날은 나흘 뒤인 11월 5일이었어. 수전은 새벽 7시에 여동생들과 투표소로 갔지. 그리고 그곳에 와서 기다리던 여성들과 함께 투표를 했어. 그런데 그로부터 23일이 지난 11월 28일 오후였어. 로체스터에 있는 수전의 집에 갑자기 연방 보안관(FBI)이 찾아왔어.

"안녕하십니까? 나는 연방 보안관 마셜 킨리입니다. 수전 앤서니 여사를 지난 5일 대통령 선거에서 투표한 혐의로 체포합니다."

수전은 연방 보안관을 쳐다보며 말했어.

"그래요? 그럼 내게 수갑을 채우세요. 다른 남자 범법자처럼."

수전은 연방 보안관 앞에 두 손을 내밀었어. 수전이 수갑을 차려는 것은, 여성이 투표한 죄로 체포되어 끌려가는 모습을 남들에게 보여 주기 위해서였지.

그러나 연방 보안관은 고개를 저었어.

"수갑을 채우지는 않겠습니다. 법원까지 모셔다 드리지요."

연방 보안관은 수전을 데리고 법원으로 갔어.

수전은 자신의 변호를 맡아 줄 변호사를 찾아냈어. 헨리 R. 셀든이라는 인권 변호사였지. 셀든 변호사는 뉴욕 주 부주지사를 지냈으며, 그 지역에서 많은 사람들에게 존경을 받는 인물이었어. 수전도 그를 존경하여 평소에 친하게 지내고 있었어. 수전이 대통령 선거에서 투표를 한 것도 셀든과 의논을 거친 뒤였단다.

"수전 씨, 변호사 수임료는 걱정하지 말아요. 한 푼도 받지 않겠어요."

셀든은 수전을 만난 자리에서 이렇게 말했어.

"그런 말씀 마세요. 저는 무료 변론을 원하지 않아요. 힘닿는 데까지 꼭 수임료를 내겠어요."

수전은 자신의 고집을 꺾지 않았어.

셀든은 수전의 변호를 맡자마자 법원에 '수전은 아무 죄도 짓지 않았으니 구속은 불법'이라고 문제를 제기했어. 그러나 법원에서는 그것을 받아들이지 않았지. 수전은 감옥에 갇혀 있기를 바랐어. 그래야 여성이 투표할 권리에 대해 많은 사람들이 알게 될 것 같아서였지.

그러나 셀든은 수전과 생각이 달랐어.

'여자 혼자 감옥에 갇혀 있게 할 수야 없지. 잘못하면 건강을 잃을 수도 있고……'

그래서 셀든은 수전의 반대를 무릅쓰고 법원에 보석금을 냈어. 수전은 셀든이 원망스러웠지. 하지만 보석금을 냈으니 감옥에서 나올 수밖에 없었어.

재판을 받으려면 여러 달을 기다려야 했단다. 그 사이 수전은 먼로 카운티 근처를 돌아다니며 연설을 했어.

"시민 여러분! 저는 11월 5일의 대통령 선거에서, 여성은 투표할 권리가 없는데 투표했다는 죄로 체포되었습니다. 그리고 지금은 재판을 기다리고 있습니다. 저는 여러분에게 묻고 싶습니다. 여성이 투표한 것이 과연 죄가 됩니까? 여성도 틀림없는 시민입니다. 미국 정부는 여성에게도 세금을 물리고 징역형에 처하며, 시민권을 주고 재산을 취득할 권리를 줍니다. 「헌법」에는 모든 시민이 자유롭게 투표할 권리가 있습니다. 따라서 저는 「헌법」에 보장된 시민의 권리를 행사했을 뿐입니다."

수전은 마을마다 돌아다니며 혼신의 힘을 다해 연설했어. 어떤 날은 연설을 하다가 지쳐 쓰러져 병원에 입원한 적도 있었지.

재판 날은 1873년 6월 17일로 정해졌어. 수전은 재판 받기 하루 전까지 연설을 했는데, 동료 여성 운동가인 마틸다 조슬린 게이지는 이렇게 연설했어.

"시민 여러분! 수전은 내일 재판을 받으러 갑니다. 모든 국민이, 아니 인류가 이 재판을 지켜보고 있습니다. 나는 수전을 재판하는 것이 아니라 미국을 재판하는 것이라고 생각합니다. 왜냐하면 미국이 파멸에 이르느냐, 영광의 길로 가느냐가 이 재판에 달려 있기 때문입니다. 수전은 자유를 상징합니다. 이 재판으로 자유는 더욱 넓어지고 완전해질 것입니다. ……미국에서 태어났든 이민을 왔든, 백인이든 흑인이든, 남자이든 여자이든 모든 국민은 평등한 대우를 받아야 합니다."

마침내 재판 날이 돌아왔어. 1873년 6월 17일 온타리오 카운티 캐난다이과의 법원에는 많은 사람들이 모여들었어. 방청석은 빈자리가 없을 만큼 가득 찼지. 방청객 가운데는 대통령을 지낸 밀러드 필모어도 있었어.

검사 리처드 크로울리는 투표자 등록소 직원들을 증인으로 세워 증언을 들었고, 변호사 셀든이 수전에 대한 변론을 했어.

"피고인 수전은 투표할 권리도 없이 투표한 죄로 이 재판에 넘겨졌습니다. 피고인이 여성이기 때문에 투표할 권리가 없다는 것이지요. 그렇다면 피고인의 남동생이 투표를 했다면 어떻게 되었을까요? 처벌을 받기는커녕 오히려 시민이 해야 할 일을 했다고 칭찬을 들었을 것입니다. 하지만 피고인은 어떻습니까? 단지 여성이라는 이유로 범죄를 저지른 죄인이 된 것입니다.

존경하는 재판장님! 저는 미국 「헌법」에 근거하여 피고인에게 투표할 권리가 있다고 말씀드리고 싶습니다. 「헌법」 수정조항 제14조에 따르면, 피고인은 틀림없이 투표할 권리가 있음이 인정됩니다. 설령 피고인에게 투표할 권리가 없다고 해도 피고인이 자신에게 투표할 권리가 있음을 믿고 투표했다면 피고인은 무죄입니다. 악의 없는 실수는 범죄가 아니기 때문입니다."

변호사 셀든은 무려 세 시간 동안 변론을 했어. 이어서 검사 리처드 크로울리가 두 시간 동안 논고(죄를 구하는 말)를 했지.

이윽고 판사 헐트가 준비해 두었던 서류를 읽기 시작했어.

"「헌법」 수정조항 제15조에는 '성별에 따른 차별 금지'라는 말이 없습니다. 만약에 이 말이 있다면 피고인측 주장은 설득력이 있었을 것입니다. 하지만 여기에는 '연방 정부나 주 정부는 인종, 피부 빛깔 또는 전에 예속적 지위에 있었다는 이유로 시민의 투표권을 부정하거나 제한할 수 없다.'고 적혀 있을 따름입니다. 「헌법」 수정조항 제14조는 또 어떻습니까? 여기에는 여성이 투표할 권리가 있다는 말이 없습니다. 그러므로 피고인이 투표를 한 것은 법을 어긴 것입니다."

헌트는 서류를 다 읽고 나서 유죄 판결을 내렸어. 이제 남은 것은 형량을 선고하는 일이었지.

헌트는 형량을 선고하기 전에 수전을 내려다보며 말했어.

"피고인은 자리에서 일어나세요."

"예."

수전이 천천히 일어섰어.

헌트가 물었지.

"피고인은 할 말이 있나요?"

"예, 재판장님. 할 말이 참 많습니다. 재판장님은 제게 유죄 판결을 내렸습니다. 그리하여 참정권, 시민권, 재판을 받을 권리 등 모든 것을 무시했습니다. 따라서 저는 노예와 다름없습니다. 저뿐만

이 아니라 우리나라 모든 여성이 정치적인 피지배자가 되었습니다. 재판장님의 유죄 판결로 말입니다."

"그 이야기는 듣고 싶지 않아요. 이미 변호인이 세 시간 넘게 한 이야기예요."

"재판장님, 저는 이 자리에서 사건에 대해 말하려는 것이 아닙니다. 다만 저는 유죄 판결이 얼마나 부당한지 밝히려는 것입니다. 재판장님은 저의 투표할 권리를 부정했습니다. 이는 제가 국민의 한 사람이라는 것을 부정한 셈입니다. 「헌법」이 인정하는 생명·자유·재산·공평한 재판의 권리, 행복을 추구할 권리를 짓밟은······."

헌트가 수전의 말을 가로챘어.

"멈추시오! 피고인은 발언을 그만두고 자리에 앉으세요."

수전은 재판장의 말을 듣지 않았어.

"재판장님, 저는 분명히 말씀드릴 수 있습니다. 우리나라의 사법 제도는 남성들이 만든 것입니다. 여성들보다 높은 지위를 인정받고 있는 남성들이 모든 것을 주도하고, 남성들에게 유리한 판결을 내립니다. 이번 유죄 판결만 해도 그렇습니다. 여성이라는 이유만으로 유죄 판결을 받고 말았습니다."

수전은 자신이 할 말을 다 하고 자리에 앉았어.

잠시 뒤 헌트가 형량을 선고했지.

"피고인 수전 앤서니에게 벌금 100달러를 선고하고, 재판 비용을 부담할 것을 명합니다."

그러자 수전이 벌떡 일어나 큰 소리로 외쳤어.

"재판장님, 저는 부당한 판결에 단 한 푼도 낼 수 없습니다. 저는

　여성들이 투표할 권리를 찾을 때까지 끈질기게 싸울 것입니다. 제가 좋아하는 다음과 같은 격언대로 말입니다. '폭정에 저항하는 것이 곧 하느님께 복종하는 것이다.'"

　이튿날 뉴욕에서 발행되는 신문들은 수전의 재판에 대한 기사를 크게 실었어. 어느 신문은 '이번 재판의 승자는 수전 앤서니입니다. 그는 투표를 해서 선거에 참여했고, 미국 「헌법」은 충격에 빠졌다.'고 보도했단다.

　수전은 1906년 세상을 떠날 때까지 여성의 참정권을 찾기 위한 투쟁을 계속했어. 1878년부터는 의회에 여성의 참정권을 인정하는

수전 B. 앤서니 재판

미국「헌법」수정조항을 제출했지. 이 수정조항은 해마다 연방회의에서 부결되었지만 결코 포기하지 않았어.

　1890년 드디어 와이오밍 주에서 처음으로 여성의 투표할 권리를 인정했어. 그리고 잇따라 콜로라도 주, 아이다호 주, 유타 주가 여성의 참정권을 보장하기 시작했단다.

　여성의 참정권을 규정한 미국「헌법」수정조항 제19조가 승인된 것은 1920년 8월 26일이었어. 이로써 미국에서는 모든 여성이 투표할 권리를 갖게 되었지. 수전이 여성의 투표할 권리를 찾기 위해 재판을 한 지 47년 만이고, 그녀가 세상을 떠난 지 14년 만이었어. 어느 신문 기자는 미국「헌법」수정조항 제19조를 '수전 앤서니 수정조항'이라고 부르기도 했단다. 여성의 참정권을 얻는 데 큰 공을 세운 수전을 기리기 위해서 말이야.

　변호사 아저씨의 이야기를 듣고 흥분한 것은 여자아이들이었습니다.

　"옛날에 참 불공평했네요. 여자에게 투표할 권리를 주지 않고 남자들끼리만 투표를 해요?"

　"남자들은 정말 이기적인 동물이에요. 여자들에게 양보할 줄 모르고 자기들 욕심만 차린다니까요."

　여자아이들이 남자들에게 공격의 화살을 날리자, 판관이는 듣기 거북한 듯 이렇게 말했습니다.

　"그게 왜 남자 탓이냐? 여자들이 자기 권리를 찾기 위해 진작 나서지 않아서 그런 거지."

"그걸 말이라고 하니? 남자들이 여자들을 우습게 알아서 투표할 권리를 주지 않은 거야."

변호사 아저씨가 얼른 끼어들었습니다.

"그만해라. 그러다가 싸우겠다. 옛날에 여성들에게 참정권이 주어지지 않은 것은 여성들이 남성들보다 낮은 지위에 처해 있었기 때문이란다. 여성은 법적으로 남성에 종속되는 식으로 이해되기는 했거든. 수전 앤서니는 여성의 권리를 되찾기 위해 참정권 운동에 뛰어들었지. 대통령 선거에서 투표하여 선거법 위반으로 재판을 받아 법정 투쟁을 벌였어. 그가 세상을 떠난 지 14년 만에 미국의 모든 여성이 투표할 권리를 갖게 되었으니, 이번 재판 이야기도 해피엔딩으로 끝났다고 할 수 있겠지?"

"그렇네요. 어쨌든 남성들이 여성들에게 투표할 권리를 안 준 것은 잘못한 일이잖아요. 제가 남성들을 대표하여 여성 여러분에게 사과할게요."

별별이는 갑자기 벌떡 일어서더니 여자아이들을 향해 머리가 땅에 닿도록 절을 했습니다. 그러자 아이들이 모두 박수를 쳤습니다.

여성 참정권 운동의 선구자, 수전 B. 앤서니
(1820~1906)

수전 B. 앤서니는 미국 매사추세츠 주 애덤스에서 면직물 제조업자인 아버지 다니엘 앤서니와 어머니 루시 앤서니의 여섯 형제 가운데 둘째로 태어났어요. 아버지가 퀘이커 교도이자 노예제 폐지론자였기 때문에 아버지의 영향을 받아 노예 제도 폐지, 「금주법」 제정 등의 사회 개혁 운동에 일찍 눈을 뜰 수 있었어요.

수전은 3세 때 읽고 쓰는 것을 배웠고, 6세 때 뉴욕 주 배튼즈빌로 이사하여 그곳의 초등학교에 들어갔어요. 그러나 그 학교에서 여자아이들에게 나눗셈을 가르치지 않자, 아버지는 그녀를 홈스쿨로 가르쳤어요.

그 뒤 수전은 필라델피아의 여학생 기숙학교에서 공부했으며, 필라델피아의 퀘이커 스쿨 교사, 뉴욕의 캐너조어리 아카데미 교장으로 근무했어요. 29세 때는 뉴욕 로체스터 근처의 가족 농장으로 돌아가 노예 제도 폐지, 금주 운동 등의 사회 운동에 전념했어요.

수전 B. 앤서니

1865년 남북전쟁이 끝난 뒤에는 여성 참정권 운동에 힘을 기울였으며, 전국여성참정권협회(1869~1890)·미국여성참정권협회(1890~1906) 등을 조직하여 활발한 활동을 했어요. 1872년에는 로체스터 시에서 대통령 선거에 참여하고자 투표권을 행사하여 선거법 위반 혐의로 재판을 받아 법정 투쟁을 벌였으며, 세상을 떠날 때까지 여성 참정권을 찾기 위한 투쟁을 계속했어요.

지은 책으로는 동료 여성 운동가인 엘리자베스 캐디 스탠턴, 마틸다 조슬린 게이지 등과 함께 쓴 『여성 참정권의 역사』 등이 있어요.

19세기에 왜 여성에게 참정권이 주어지지 않았나?

참정권은 국민이 직접·간접으로 정치에 참여할 수 있는 권리를 뜻해요. 선거권·피선거권·국민 투표권·국민 소환권·공무원 등이 되는 권리를 말하지요. 17~18세기에 유럽에서는 시민 혁명이 일어나 절대주의 왕정이 무너지고 민주주의 정부가 들어섰어요. 그리하여 국민에게는 비로소 참정권이 주어졌지요.

그러나 참정권은 남성들만이 갖고 있을 뿐, 여성들에게는 주어지지 않았어요. 그것은 여성이 남성보다 낮은 지위에 처해 있고, 여성은 법적으로 남성보다 열등한 대우를 받았기 때문이었지요. 그러므로 아내의 재산과 소득도 남편에게 종속되었으며, 여성의 재산권은 인정되지 않았어요. 법적으로 "남편과 아내는 같은 사람이며(법적 동일체이며), 가장인 남편이 대표해야 한다."고 되어 있기 때문이었죠. 따라서 여성들은 경제·사회적으로 아무것도 할 수 없는 법적 무능력자로 살아갈 수밖에 없었어요.

하지만 19~20세기에 걸쳐서 세계 여러 나라에서는 여성에게도 참정권을 인정하라는 운동이 활발하게 일어났어요. 여성이 참정권을 얻어야만 남성과 동등한 조건으로 시민으로서 사회 활동에 나설 수 있기 때문이었죠.

여성 참정권 운동을 가장 활발하게 벌인 것은 영국과 미국이었어요. 영국에서는 에멀린 팽크허스트와 두 딸 크리스타벨과 실비아가 여성 참정권 운동에 발 벗고 나섰어요. 이들은 폭력적 탄압을 하는 정부에 맞서 목숨을 건 단식 투쟁을 했으며, 마침내 1928년 여성 참정권을 획득할 수 있었어요.

미국에서는 수전 B. 앤서니와 엘리자베스 캐디 스탠턴이 여성 참정권 운동을 이끌었어요. 특히 앤서니는 1872년 대통령 선거 때 직접 투표하여 선거법 위반 혐의로 재판을 받는 등, 여성의 참정권을 찾기 위한 투쟁을 적극적으로 벌였어요. 그리하여 그런 활동에 힘입어 1920년 미국에서는 미국 「헌법」 수정조항 제19조가 승인되어 모든 여성이 투표할 권리를 갖게 되었지요.

유재원 변호사와 함께 생각해 보기

 우리 사회에 평등이라는 것이 주는 의미는 무엇인가?

우리나라를 지탱하는 두 개의 기둥이 뭘까? 대통령과 국회라고 생각하는 친구들도 있겠지만, 「헌법」에 명시된 '자유'와 '평등'의 이념이란다. 현대 민주주의 국가에서는 자유라는 가치와 평등이라는 가치를 동등하게 취급하고 있어. 모든 사람이 자유롭다는 것은 유서 깊은 진리이며 「헌법」을 통해 보장된 지도 오래되었지만, 모든 사람이 어떠한 차별도 안 받고 평등하다는 것은 「헌법」 선진국 미국에서도 그리 오래된 일이 아니란다. 실제로 미국에서는 50년 전까지만 해도 흑인에 대한 차별을 인정한 법률들이 있었고 100년 전까지만 해도 여성에게 참정권(선거권)을 인정하지 않았단다.

정치 참여에 있어서 "모든 국민(시민)이 평등하다."는 것을 인정하는데 왜 그리 오랜 시간이 걸렸을까? 아마도 그리스의 민주정치에서 여성에게 권리를 인정하지 않았던 것도 큰 작용을 했으리라 생각해. 아리스토텔레스라는 똑똑한 철학자도 여성은 남성에 비해 열등하다는 생각을 하곤 했었거든.

물론 평등이라는 것은 상대적 평등을 의미해. 무조건 모든 사람이 평등하다고 해서 될 일이 아니고, '같은 것은 같게, 다른 것은 다르게' 대우해야 한다는 것이 상대적 평등의 의미란다. 여자들보고 무조건 군대를 가라고 하거나 남자들이 출산 휴가를 쓰게 해 달라고 하면 안 되지. 우리 「헌법」 제11조도 "모든 국민은 법 앞에 평등하다. 누구든지 성별·종교 또는 사회적 신분에 의하여 정치적·경제적·사회적·문화적 생활의 모든 영역에 있어서 차별을 받지 아니한다."라고 명백히 선언하고 있거든.

남성과 백인에게는 투표권을 주고 여성과 흑인에게는 투표권을 안 준다면 그것은 '같은 것은 같게'라는 부분을 위반한 것이란다. 아무런 차이를 인정할 수 없는 부분에서 차별을 하면 안 되지. '다른 것은 다르게'를 볼까? 여성과 장애인에게 병역의 의무를 면제하는 것은 평등원칙 위배가 아니고, 노인과 청소년을 위해 나라에서 복지 혜택을 주는 것은 「헌법」에 위반되지 않는 거야. 애초에 보통의 남성과 신체 구조가 달라서 병역 의무에 적합하지 않은 사람들이 여성·장애인이므로 병역 면제는 타당하고, 보통의 성인들과 달리 사회적으로 연약한 노인·청소년을 우대하는 것도 타당한 일이야. 이런 점은 모두 헌법재판소의 결정에서 재차 확인된 적이 있지.

수전 앤서니 재판을 보며, 너희들은 무엇을 느꼈니? 비록 당시의 미국 「헌법」에 명시적으로 "성별 차이를 두지 않고 투표권을 주어야 한다."라는 규정은 없었지만 평등의 원칙(같은 것은 같게, 다른 것은 다르게)을 생각하면 남녀의 구별을 두어서는 곤란했던 거지. 실제로 그 당시에 흑인에 대한 참정권(투표권, 선거권)은 인정되고 있었어. 흑인들도 지속적으로 참정권을 주장해서 그것을 얻어낸 것이지. 미국 법원은 법 논리에만 빠져 있는 나머지, 흑인에게는 인정하는 참정권을 여성에게 인정하지 않는 해괴한 판결을 내리고 있었던 거란다. 결국 앞에서 보았듯이 수전 앤서니는 큰일을 해낸 거란다.

우리나라도 헌법재판소가 생기면서 여성에 대한 불합리한 차별이 점차 사라지는 추세야. 얼마 전에는 군제대자 가산점 제도가 「헌법」에 위반된다는 결정(헌법재판소 1999.12.23. 결정, 98헌마 363)을 내렸지 않니. 여성이라서 군대를 못 가게 된 것뿐인데 군대를 다녀온 남성에 비해 채용에 있어서 '가산점' 차별을 받게 된 것은 우리나라 「헌법」에 위반된다는 결정이었어.

자, 정리해 볼까? 모든 사람이 자유롭게 자신의 권리를 주장하려면, 그 권리는 동등하게 보장되어야 하겠지. 그런 점에서 자유와 평등의 이념은 서로 배치되는 것이 아니라 상호 보완될 수 있는 관계에 있단다. 자유가 최대한 보장되려면 평등의 이념도 또한 생각해야 하는 거야. 이런 점에서 자유와 평등은 어느 한쪽을 편들 수 없는 소중한 것이란다.

아홉 번째 재판 미그노넷 호 살인 사건 재판

살기 위해 다른 사람을 잡아먹어도 될까?

아침에 별별이가 학교에 가려고 집을 나설 때였습니다. 아빠가 따라 나오며 갑자기 생각난 듯 물었습니다.

"오별별 변호사님, 요즘 로스쿨에는 잘 나가십니까?"

"그럼요. 얼마나 재미있는데요. 저는 요새 유명한 변호사 아저씨가 들려주시는 세계 재판 이야기에 푹 빠져 지내요."

아빠가 눈을 동그랗게 떴습니다.

"재판 이야기가 그렇게 재미있니? 우리 별별이가 법에 대해 흥미를 갖게 되어 다행이구나."

아빠는 싱긋 웃으며 별별이의 어깨를 두드려 주었습니다.

별별이는 학교 수업이 끝나자 '어린이 로스쿨'로 달려갔습니다.

변호사 아저씨는 강의 시간에 법률 용어에 대해 잠깐 이야기했습니다.

"법이 어렵다고 흔히들 말하는데, 법률 용어가 한자로 되어 있기 때문이란다. 쉬운 우리말이 있는데도 잘 쓰지 않는 한자어를 사용하고 있거든. 예를 들면 '건정(자물쇠)', '최고(독촉)', '기망(속임)', '수인(받아들임)', '편취(속여 뺏음)', '통정하여 위법을 감행한(서로 짜고 법을 어긴)', '해태하다(게을리 하다)' 등 헤아릴 수 없이 많아. 게다가 한 문장이 얼마나 긴지 몰라. 보통 문장은 50자를 넘기지 않지만 법률 문장은 800여 자나 되지. 심지어 한 문장이 3만여 자인 경우도 있어. 그러니 그 뜻을 이해하기 어려운 거지. 법률 문장은 쉬운 우리말로 짧게 쓰여야 해. 그래야 누구나 읽고 이해할 수 있지. 프랑스 민법은 글자를 아는 사람은 다 이해할 수 있도록 쉬운 말로 쓰여 있어. 그래서 프랑스 작가 스탕달은 매일 아침 소설책을 읽듯이 민법을 읽었다는구나."

변호사 아저씨는 강의 말미에 재판 이야기를 꺼냈습니다.

"자, 오늘은 좀 엽기적인 이야기를 하지. 미그노넷 호 살인 사건 재판인데, 구명정에서 조난자들이 살아남기 위해 그 가운데 한 사람을 죽여 식량으로 삼았단다."

1883년 오스트레일리아의 변호사 존 헨리 원트는 오스트레일리아에서 영국으로 건너왔어. 그는 모험을 즐기는 사람으로, 특히 요트 경기를 좋아했지. 요트도 한 척 가지고 있었어.

'이왕 영국까지 왔으니 성능 좋은 요트를 한 척 살까?'

원트는 이런 생각을 하고 경주용 요트를 400파운드에 구입했어.

이 요트가 바로 '미그노넷 호'로, 1882년 요트 경주 대회에서 우승할 만큼 빠르기로 소문난 배였지.

원트는 미그노넷 호를 오스트레일리아에 보내기로 했어.

'요트를 큰 배에 실어 화물로 부칠까? 아니야, 선장을 구해 직접 배를 몰고 대서양을 건너게 하자. 바다를 누비는 요트의 왕답게 미그노넷 호가 장거리 항해를 하여 당당하게 오스트레일리아에 입성하는 거야.'

원트는 1884년 봄에 미그노넷 호를 출발시키기로 했어. 그런데 그해 4월이 되어서야 겨우 선장을 구했지.

"더들리 씨, 우리 배를 맡아 주셔서 고맙습니다. 오스트레일리아 시드니에 가서도 계속 선장으로 수고해 주셔야 합니다."

미그노넷 호의 새 선장 톰 라일리 더들리는 오래전부터 오스트레일리아로 이민을 가서 살 생각이었어. 그래서 선뜻 계약서에 사인을 했던 거지. 미그노넷 호는 낡고 오래된 배라서 먼 거리를 항해하는 데는 맞지 않았어. 더들리는 이런 사실을 알았지만, 계약 조건이 마음에 들었기 때문에 장거리 항해를 받아들였지.

더들리는 함께 항해에 나설 선원들을 구했어. 항해사 에드윈 스테판, 경력 선원 에드몬드 브룩스, 신입 선원 리처드 파커였지. 그 가운데 파커는 17세 소년으로, 학교를 다닌 적이 없어서 글을 전혀 몰랐어.

1884년 5월 19일, 영국의 사우샘프턴 항구에는 여러 사람이 모여 있었어. 원트는 미그노넷 호에 올라 더들리 선장의 손을 굳게 잡았어.

"더들리 선장, 미그노넷 호를 부탁합니다. 안전한 항해가 되기를 빌겠습니다."

"감사합니다. 오스트레일리아 시드니에 도착하면 바로 연락 드리겠습니다."

"시드니까지는 거리가 얼마나 되죠? 항해는 백 일 넘게 걸리겠죠?"

"그렇습니다. 시드니까지는 1만 7천 킬로미터쯤 되는데, 넉 달쯤 걸릴 겁니다. 바람이 제때 불어 준다면 좀 더 빨리 도착할 수도 있고요."

"그렇군요. 수고 좀 해 주세요."

원트는 다른 선원들과도 일일이 악수를 하고 배에서 내렸어. 미그노넷 호는 천천히 출발했지. 원트는 배가 보이지 않을 때까지 부두에서 손을 흔들었단다.

요트는 바람이 불어야 바다 위를 쌩쌩 달리는 배야. 미그노넷 호는 바람이 약하게 불 때는 시속 6.5킬로미터로 나아갔고, 하루 평균 155킬로미터를 운항했지. 하지만 바람이 적당히 불 때는 하루 평균 180킬로미터를 항해할 수 있었어.

배는 사우스햄프턴 항구를 출발했어. 출발한 지 2~3일 만에 넓은 바다로 들어섰어. 그리고 한 달 반을 남대서양을 향해 나아가며 순조로운 항해를 계속했지. 미그노넷 호에 문제가 생긴 것은 7월 초였어. 갑자기 바람이 그쳐 버린 거야. 배는 속도를 내어 달리지 못하고 바다 위를 둥둥 떠다녔지.

그런데 7월 5일 저녁 무렵이었어. 바람이 조금씩 불어오더니 점점 거칠어지는 거야. 잔잔하던 바다는 요동치기 시작했고 파도는 갈수록 높아졌지.

"으악, 폭풍이다! 폭풍이 불어온다!"

더들리 선장과 선원들은 얼굴이 새파랗게 질렸어. 그들은 공포에 떨며 배 안에서 안절부절못했지. 바로 그 순간, 집채만 한 파도가 배를 덮쳤어. 그러더니 배의 옆구리에 구멍이 뚫렸지.

"헉! 배가 가라앉을 것 같다! 빨리 구명보트를 내려라!"

더들리는 배 안으로 물이 쏟아져 들어와 배가 한쪽으로 기울자 큰 소리로 외쳤어. 선원들은 서둘러 바다 위에 구명보트를 내렸지.

"꾸물거릴 시간이 없다! 배가 곧 가라앉는다. 어서 구명보트로 옮겨 타라!"

더들리는 선원들에게 목이 터져라 부르짖었어. 선원들은 재빨리 구명정인 나무보트로 내려갔지.

더들리는 위급한 상황에서도 나침반과 통조림들을 챙겼어. 그리고 그것들을 구명보트를 향해 던졌지. 그러나 구명보트에 정확히 떨어진 것은 나침반과 통조림 한 통뿐이었어.

"선장님, 위험합니다! 어서 구명보트로 옮겨 타세요!"

선원들은 배가 침몰할 것 같아 안타깝게 부르짖었어. 그러자 더들리는 어쩔 수 없다는 듯 구명보트로 내려왔지.

배가 물속으로 가라앉는 데는 1분이 채 걸리지 않았어. 산더미만 한 파도가 덮치자 배는 선원들의 눈앞에서 자취를 감추어 버렸단다.

구명보트는 네 사람이 지내기에는 너무 비좁았어. 그래도 이들은 미그노넷 호와 함께 물속으로 가라앉지 않은 것을 천만다행으로 여기며 안도의 한숨을 내쉬었지.

"선장님, 이제 조금만 더 참고 기다리면 배가 지나가다가 우리를 구해 주겠죠? 계속 배를 저어가면 우리 앞에 육지가 나타나던가요."

바다에 대해 아는 것이 별로 없는 파커는 쾌활한 목소리로 이렇게 말했어. 그러나 선원 생활을 오래 한 더들리와 스테판은 얼굴빛이 어두웠어. 이 두 사람은 바다에서 배가 난파되면 어떤 위험이 닥치는지 잘 알고 있었거든.

더들리가 침울한 목소리로 말했어.

"그래, 네 말대로 구명보트에서 버티며 구조되기를 기다려야겠지. 하지만 그전에 알아둘 것이 있어. 여기는 아프리카 희망봉에서

2600킬로미터쯤 떨어진 곳이야. 대서양 바다에는 지나다니는 배가 드물고, 상어 떼가 우글우글하지. 이제 날이 저물면 상어들이 몰려와 우리를 공격할 거야. 우리는 먼저 상어들과 싸워야 해."

경험 많은 더들리가 말한 대로, 밤이 되자 구명보트 주위로 상어들이 몰려들었어. 상어들은 꼬리를 휘두르며 구명보트를 공격하기 시작했지. 더들리는 노를 집어 들더니 상어들을 힘껏 내리쳤어. 그러자 상어들은 더 이상 달려들지 못하고 뒤로 물러섰단다. 그러나 그때뿐이었어. 상어들은 또다시 몰려들었고, 노를 휘둘러 상어들을 쫓아야 했지. 이런 일은 밤새도록 계속되었단다.

상어들은 새벽이 되어서야 멀리 물러갔어. 네 사람은 상어와의 싸움으로 지칠 대로 지쳐 있었지.

"선장님, 여기 좀 보세요!"

그때 파커가 소리쳤어. 더들리가 돌아보니 상어들과 싸우느라 구명보트에 구멍이 나 있었지. 더들리는 자기 바지를 조금 잘라 구멍을 틀어막았단다.

네 사람은 첫날밤을 무사히 넘겼지만 상어 떼보다 무서운 적이 기다리고 있었어. 그것은 그들의 목숨을 노리는 갈증과 배고픔이었지. 이들에게는 물도 없고 음식도 없었어. 나중에 바닷물에서 통조림 한 개를 건져 모두 두 개의 통조림이 있었지만, 아껴 먹었어도 며칠 만에 다 사라져 버렸어. 그 뒤 7월 9일에 운 좋게 거북 한 마리를 잡아 8일을 버틸 수 있었지.

이들은 목이 마르면 자기 오줌을 받아 두었다가 마셨어. 하지만 물을 마시지 못하기 때문에 날이 갈수록 오줌의 양도 줄어들었지.

7월 17일 거북고기마저 떨어지자, 조난자들은 공포에 사로잡혔어. 이제 더 이상 먹을 음식이 없으니 굶어 죽을 수밖에 없기 때문이었지.

그때 더들리가 세 사람에게 이런 말을 했어.

"바다에서 배가 난파되면 조난자들은 제비뽑기를 하지. 죽여야 할 사람을 가려내는……. 식량이 떨어져 모두가 굶어 죽을 위기에 처했는데, 모두가 죽지 않으려면 방법은 이것밖에 없거든. 전체를 살리기 위해 한 사람이 다른 사람들의 양식이 되어 주는 것이지."

더들리는 당시 바다에서 조난자들이 동료를 잡아먹고 살아남았다는 이야기를 세 사람에게 들려주었어. 그것은 끔찍한 이야기였지. 자기 생명을 구하려고 다른 사람의 생명을 빼앗다니……!

더들리는 그 자리에서 우리도 제비뽑기를 하자는 말은 꺼내지 않았어. 하지만 그들은 언젠가 굶어 죽을 위기가 찾아오면 자신들도 제비뽑기를 하게 될지 모른다는 생각을 했지.

그런데 그로부터 사흘 뒤인 7월 20일이었어. 파커가 심한 설사를 하더니 몸져누워 버린 거야.

브룩스는 파커의 머리를 쥐어박으며 말했어.

"미련한 녀석……. 바닷물을 벌컥벌컥 마시면 어떡해? 그러니까 병이 났지."

파커가 힘이 없는 목소리로 말했어.

"목이 말라서 참을 수가 없었어요. 배도 몹시 고팠고……."

파커는 며칠 전부터 바닷물을 마셔 왔나 봐. 결국 병에 걸려 심하게 앓았고 이따금 혼수상태에 빠져들었지.

선장 더들리가 다시 제비뽑기를 입에 올린 것은 바로 그날이었어.

"우리는 사흘 동안 아무것도 먹지 못했지? 이런 상황이라면 조난자들은 보통 제비뽑기를 했겠지."

브룩스가 더들리의 말을 가로챘어.

"제발 그 이야기는 하지 말아요. 양식이 없어 굶어 죽을 지경에 이르면 차라리 다 같이 죽어 버려요."

더들리가 말했어.

"당연히 그래야겠지. 하지만 이런 경우를 생각해 봐. 한 사람이 희생하여 다른 사람들을 살릴 수 있다면 그 방법을 택하는 게 낫지 않을까? 네 사람이 손을 놓고 앉아 다 같이 죽기를 기다리는 것보다……."

"제비뽑기를 한다면 내가 뽑히기를 바라겠어요. 하느님 앞에 맹세할 수도 있어요. 나는 이미 죽을 준비가 되어 있다고요. 하지만 지금은 제비뽑기를 할 만큼 위급한 상황이 아니잖아요. 그러니 제발 그 이야기는 꺼내지 말아요."

브룩스의 항변에 더들리는 곧 입을 다물었어. 하지만 속으로는 이런 생각을 했지.

'브룩스도 위급한 상황이 오면 제비뽑기를 할 수 있다는 거겠지? 으음, 나와 뜻을 같이하는구나.'

7월 20일을 넘기자 이들은 점점 희망을 잃어갔어. 구명보트를 저어갔지만 육지는 나타나지 않았고, 지나가는 배도 발견하지 못했거든. 구조되리라는 희망은 물 건너갔다며 절망에 빠져들었지.

이튿날 더들리는 아내 앞으로 마지막 편지를 썼어. 부칠 수 없는 이별의 편지였지.

　……오늘은 7월 20일. 우리는 16일째 바다 위를 표류하고 있소. 양식은 모두 떨어졌지만 우리 네 사람은 아직 살아 있소. 우리를 구해 줄 배가 지나가기를 간절히 바라면서…….
　사랑하는 여보!
　이 편지를 받아 보았을 때는 당신이 사랑하는 남편은 이 세상 사람이 아님을 알아주시오. 그리고 내가 이제까지 당신에게 잘못한 일들을 모두 용서해 주시오. 나는 하늘나라에서 당신과 아이들을 다시 만나기를 기다리겠소.
　……하느님의 축복이 당신에게 있기를 기도하겠소. 내가 살지 못한 나머지 삶까지 당신이 살아 이 땅에서 장수하시기를!
　　　　　　　　　　- 당신을 사랑하는 남편, 톰 라일리 더들리

7월 23일, 더들리는 스테판과 브룩스에게 말했어.
　"우리는 지금 18일째 바다 위를 표류하고 있어. 엿새째 아무것도 먹지 못했지. 우리는 구조되기를 간절히 바라고 있지만 그런 행운이 찾아오지 않는다면 어떻게 해야 하지? 세 사람이라도 살아남기 위해서는 나머지 한 사람이 희생되어야 하지 않을까?"
　더들리의 의견에 스테판은 찬성했지만 브룩스는 반대했어.
　이튿날, 더들리는 마침내 제비뽑기를 하자고 했지. 스테판은 찬성했지만 브룩스는 끝내 반대했단다.

그런데 7월 25일 새벽 3시경이었어. 브룩스는 새벽 1시부터 구명보트를 저었는데, 더들리와 스테판은 이런 이야기를 주고받는 거야. 먼저 더들리가 말했지.

"파커는 곧 죽게 될 거야. 혼수상태로 누워 있잖아. 자네와 나는 결혼한 몸이야. 나는 자식이 셋인데 자네는 다섯이나 되지. 우리는 꼭 살아 돌아가야 해."

스테판이 고개를 끄덕였어.

"당연히 살아 돌아가야지요. 파커는 고아라서 가족도 없어요. 중병에 걸려 어차피 죽을 몸이고요. 오늘 날이 밝으면 실행에 옮겨요."

더들리와 스테판은 무서운 음모를 꾸미고 있었어. 제비뽑기 없이 파커를 죽여 식량으로 하기로 한 거야.

아침이 되자 더들리가 말했어.

"브룩스, 밤새도록 노를 젓느라 고생 많았지? 우리가 노를 저을 테니 저 구석에 가서 눈 좀 붙여."

브룩스는 더들리가 시키는 대로 구명보트 구석자리에 누워 잠이 들었어. 그런데 그 사이 더들리와 스테판은 죽은 듯이 누워 있는 파커의 목숨을 빼앗은 거야. 조난자들이 살아남기 위해 그 가운데 한 사람을 죽여 식량으로 삼은 것은 당시 바다의 관습이었어. 더들리와 스테판은 바다의 관습에 따라 파커를 죽여 식량으로 삼은 거야.

그로부터 나흘 뒤, 세 사람은 지나가던 배에 구조되었어. 그리하여 무사히 영국으로 돌아왔지.

하지만 얼마 지나지 않아 영국에는 이런 이야기가 떠돌았어.

"소문 들었나? 미그노넷 호를 타고 가다가 조난당한 사람들이 살아남기 위해 제비뽑기를 했는데 스테판이 뽑혔대. 그런데 스테판과 더들리는 이런 사실을 무시하고 파커를 죽여 식량으로 삼았다는 거야."

이런 소문이 돌자 나라 안은 발칵 뒤집혔어. 결국 더들리와 스테판은 경찰에 체포되어 살인죄로 재판을 받게 되었지.

9월 13일, 어떤 기자가 더들리가 구명보트에서 쓴 마지막 편지를 입수하여 그 내용을 신문에 실었어. 그러자 여론은 더들리에게 동정적으로 바뀌었지. 재판이 진행되었을 때 변호사 비용까지 독자들의 모금으로 충당할 정도였어.

법정에서 변호인은 피고인들을 이렇게 변호했어.

"피고인들이 구조될 때까지 아무것도 먹지 못했으면 아마 죽었을 것입니다. 그것도 파커가 가장 먼저 죽었을 것입니다. 피고인들은 살기 위해 어쩔 수 없이 한 사람을 죽였습니다. 피고인들이 파커를 죽였다지만 파커가 어떤 상태였습니까? 중병에 걸려 곧 죽을 몸이었고, 그는 고아라서 가족도 없었지요. 게다가 조난자들이 한 사람을 죽여 식량으로 삼는 것은 뱃사람들의 오랜 관습 아닙니까? 그를 죽이지 않았다면 나머지 사람들은 생명이 위태로워졌을 것입니다. 따라서 이것은 '정당방위' 또는 '긴급피난'에 해당합니다."

그러나 재판부는 피고인들의 주장을 받아들이지 않았어.

"피고인들의 변호인은 피고인들이 살기 위해 어쩔 수 없이 한 사람을 죽였다며 정당방위, 긴급피난 행위라고 항변한다. 하지만 정당방위는 상대방이 자기를 죽이려고 공격할 때 살기 위해 상대방의 목숨을 빼앗는 것이다. 그런데 피고인들은 살기 위해 가장 약하고 어리며, 저항 능력이 없는 사람을 죽였다. 따라서 이것은 명백한 살인 행위이며, 정당방위라고 할 수 없다. 또한 자신의 건강(생명)을 위해 다른 사람의 생명을 빼앗는 것은 같은 가치인 생명을 함부로 저울질(재단)한 것이므로 긴급피난이 될 수 없다."

재판장은 이렇게 밝히며 12월 4일 더들리와 스테판에게 살인죄로 사형을 선고한 거야. 자기 생명을 구하려고 다른 사람의 생명을 빼앗을 수 없다는 것이었지.

하지만 여론은 더들리와 스테판에게 아주 동정적이었어. 두 사람은 현행법으로는 죄인이지만 뱃사람들의 관습에 따라 저지른 일이니 용서해 주자는 거야. 결국 더들리와 스테판은 이런 여론에 힘입어 얼마 뒤 6개월 징역형으로 감형되었단다.

교도소에서 풀려난 스테판과 더들리는 그 말년이 불행했지. 둘 다 양심의 가책을 심하게 느꼈을 거야. 스테판은 알코올 중독자가 되어 우울증을 앓다가 빈민 수용소에서 쓸쓸히 죽었고, 더들리는 오스트레일리아 이민을 갔다가 전염병에 걸려 세상을 떠났다는구나.

"옛날에 조난자들이 살아남기 위해 제비뽑기를 했다니 소름이 쫙 끼쳐요. 사람을 죽여 식량으로 삼았다는 것이 도저히 믿어지지 않아요. 아무리 극한 상황이라도 어떻게 그럴 수가 있는지……."

보라는 생각만 해도 끔찍한지 진저리를 쳤습니다.

판관이가 말했습니다.

"저는 이번 재판의 판결이 인상적이었어요. 인간의 생명에 관해서는 쉽게 정당방위, 긴급피난을 인정하지 않고 '피고인들은 살기 위해 가장 약하고 어리며, 저항 능력이 없는 사람을 죽였다.'면서 명백한 살인 행위라고 하잖아요."

"그렇지. 뱃사람들의 관습에 따라 저지른 일이라 해도 자기 생명을 구하려고 다른 사람의 생명을 빼앗을 수는 없어."

변호사 아저씨는 잠시 말을 끊었다가 다시 이었습니다.

"다음에는 어떤 이야기를 들려줄까? 20세기로 넘어와서 미국의 악명 높은 갱단 두목인 알 카포네의 재판 이야기를 해 볼까?"

조난자들의 극한 상황을 그린 「메두사 호의 뗏목」

1816년 초여름, 프랑스 군함 메두사 호는 군인들과 그 가족, 이주자 등 400여 명을 싣고 프랑스의 식민지였던 서아프리카 세네갈을 향해 출항했어요. 이 배의 선장은 운항 경험이 전혀 없는 귀족인 위그 뒤루아 드 쇼마레 중령이었지요.

메두사 호는 항해를 시작한 지 두 주 만에 서아프리카 해안에서 암초에 부딪치고 말았어요. 이때 쇼마레 선장은 무능함을 그대로 드러냈어요. 배가 침몰할 위험이 없는데도 배를 버리기로 결정한 거예요. 그뿐만이 아니라 선장은 장교들과 그 가족들을 데리고 구명보트로 달아났어요. 그리하여 나머지 150여 명의 사병과 이민자들은 나무로 만든 뗏목을 타고 바다를 표류해야 했지요.

이들은 13일 만에 지나가던 배에 의해 구조되었는데, 뗏목 위에 살아남은 사람은 열다섯 명뿐이었어요. 대부분 폭풍우로 바다에 빠져 죽었고, 남은 사람들은 살아남기 위해 사람고기를 먹기에 이르렀지요.

「메두사 호의 뗏목」

프랑스의 화가 제리코는 이 끔찍한 소식을 접하고 조난자들의 극한 상황을 그림으로 그려야겠다는 결심을 했어요. 그래서 생존자들을 만나 이야기를 듣고 뗏목 모형을 만들었으며, 시체 안치소에 가서 시체를 스케치하기도 했지요. 제리코는 이 사건이 일어난 지 3년 뒤인 1819년 그림「메두사 호의 뗏목」을 완성했어요. 이 그림은 파도와 뗏목의 흔들림, 다양하고 역동적인 인물 묘사 등 조난자들의 극한 상황을 생생하게 표현했어요.

1819년 살롱전에 출품되었을 때 이 그림은 큰 충격을 던졌으며, 오늘날에는 낭만주의 미술과 사실주의 미술 사이에 가교 역할을 했다는 평가를 받고 있어요.

사람을 잡아먹는 식인 풍습

아메리카 대륙을 발견한 콜럼버스는 서인도 제도에 착륙했을 때 충격적인 이야기를 들었어요. 지금의 카리브 해의 여러 섬에 흩어져 사는 원주민 가운데 '카리브 족'이 있는데, 사람을 잡아먹는 식인 풍습이 있다는 거예요. 이때부터 사람을 잡아먹는 식인 풍습은 카리브 족의 이름을 따서 '카리발리즘'을 거쳐 '카니발리즘'이라 부르게 되었지요.

사람을 잡아먹는 풍습이 있는 미개 인종을 '식인종'이라고 해요. 식인종은 굶주림에서 벗어나거나 영양 보충을 위해 사람을 잡아먹기도 하지만, 사람을 잡아먹는 다른 여러 가지 이유가 있어요.

아프리카에서는 많은 부족들이 죽은 사람의 특정 부위나 기관을 먹었는데, 무엇인가 특별한 힘을 얻기 위해서였어요. 예를 들면, 죽은 사람의 용기와 지혜를 자기 것으로 하려고 그 심장을 먹었지요. 또한 요술이나 마법을 구하려고 사람을 잡아먹거나, 병을 고치는 약, 혹은 적의 복수를 막을 수 있다고 사람을 잡아먹기도 했어요. 그리고 친족이나 가족을 먹는 경우도 있는데, 고인에게 경의를 표하거나 그 영혼과 육체를 이어받는다는 신앙 때문이었지요.

옛날 중국에서는 큰 흉년이 들어 먹을 것이 없을 때 사람을 잡아먹는 경우가 많았어요. 『한서』 「왕망전」에는 기원전 24년쯤 장안에 심한 가뭄이 들어 잡아먹힌 사람만 해도 수십만 명이었다는 이야기가 나와요.

아메리카 대륙의 발견으로 항해가 활발해진 유럽에서도 조난자들은 사람을 잡아먹는 경우가 흔했어요. 극한 상황이었기 때문에 살아남기 위해서였지요. 조난자들은 구조되면 대부분 그 사실을 숨겼는데, 미그노넷 호 살인 사건에서 보듯이 이런 조난자들에 대한 여론은 매우 동정적이었지요.

현대에 와서도 극한 상황에 처해 사람을 먹은 경우가 있었어요. 1972년 비행기가 안데스 산맥에 추락했을 때, 살아남은 사람들은 식량이 떨어져 죽은 사람을 먹었다고 해요.

이 이야기는 「얼라이브」라는 영화로도 만들어졌답니다.

유재원 변호사와 함께 생각해 보기

 생존을 위한 살인과 식인 행위는 정당한가?

여러분 중에 「얼라이브」라는 영화를 본 사람이 있니? 안데스 산악지대에 추락한 비행기 이야기야. 중요한 것은 추락한 비행기에 탑승했던 생존자들인 미식축구선수들이 생존을 위해 죽어간 동료들을 식량으로 삼았다는 것이었어. 이번 미그노넷 호 사건이랑 참 유사하지 않니. 참 극악한 행동이라는 생각이 들면서도, 이처럼 절체절명의 순간에 식인 행위를 할 수밖에 없었던 그 생존자들의 심정도 이해가 가는구나. 이 「얼라이브」라는 영화도 실제 사건을 배경으로 했는데 그 식인 행위에 관련된 사람들은 살인죄나 사체훼손죄 등으로 처벌받지는 않았단다.

그렇다면 생존을 위한 살인과 식인 행위는 어떤 경우나 정당하다고 생각해도 될까? 이것은 법적으로 긴급피난이라는 법 원리와 관련지어 생각해볼 문제야. 긴급피난, 이것도 정당방위만큼이나 많이 들어본 말이지 않니? 대표적으로 아사(굶어죽는 일)를 피하기 위한 식인 사건이라든가 자연 재해에서 벗어나기 위한 피난 행위는 긴급피난이 논의되지. 긴급피난은 말 그대로 긴급한 피난이고, 우리나라 「형법」에서 인정되는 긴급피난(제22조)은 긴급한 위난에 직

면하고 있을 때 손해나 위험을 피하기 위해서 다른 사람, 다른 사물을 침해할 수 있도록 허용하는 제도란다. 그 행위는 설사 범죄 행위(상해, 재물손괴)가 있었다고 해도 무죄가 되는 거지. 물론 다른 사람이나 사물을 침해하는 손해가 자기의 피해보다 훨씬 커서는 곤란하단다. 우리나라 대법원에서 긴급피난을 인정한 사건이 있는데 이른바 '피조개 양식장 사건'이야. 태풍이 몰아치는데 선장이 배가 뒤집히는 것을 피하기 위해 닻줄을 늘여 놓았단다. 그러자 배가 이리저리 돌아다니는 바람에 연안에 있던 동네주민들의 피조개 양식장에 막대한 피해를 준 사건이 발생했지. 그 경우에 우리 대법원(1987.1.20. 선고, 85도221)은 긴급피난을 인정하고 선장에게 무죄를 선고했단다.

  자, 이번 문제로 돌아가 볼까? 생존을 위한 살인과 식인 행위는 정당할까? 물론 살아있는 사람을 잡아먹는 행위는 살인죄가 되고 죽은 사람이라도 그 시체를 먹으면 사체손괴죄가 될 수 있단다. 그런데 아무 식량도 없는 상황에서 절박하게 그런 행동을 했다면 어떨까? ① 만약 병에 걸려 이미 죽은 사람의 시체를 먹은 경우라면, 살아야 하는 사람의 생명을 위해 시체(인육)를 먹은 것이니 상당한 이유가 있는 행동으로서 긴급피난이 될 가능성이 높아. ② 그런데 멀쩡히 살아 있는 동료를 죽이고 그 동료를 잡아먹는 것은 자기의 생명을 위해서 다른 사람의 생명을 등한시하는 것이기 때문에 쉽게 긴급피난을 인정해서는 안 될 거야. 생명의 가치는 동일하기 때문이야. 이런 점을 긴급피난의 상당성 요건(또는 법익 간의 균형성)이라고도 한단다. 실제로 극한의 생존 조건에서 인육을 먹은 행동에 대해서 역사 속의 여러 법정들은 서로 제각각의 판단을 내린 적도 있단다. 어떤 경우는 살인죄로 처벌했고 어떤 경우는 죄를 인정하되 선처해 준 예도 있고 어떤 경우에는 무죄로 방면하기도 했어. 이렇게 다양한 판단은 각 나라의 문화적 전통과 법 관념과도 깊은 관련이 있다고 보인단다.

  만약 우리나라라면 어떨까? 우리나라에서 소송 사건을 수행해 본 내 생각으로는 우리나라에선 살인과 식인 행위에 대해 쉽게 무죄 판결이 내려지진 않을 것 같아. 이런 사건이 있다면 여론도 둘로 갈릴 테고 법 판단에 신중한 대한민국 법원에서는 살인죄라는 범죄와 긴급피난이라는 무죄 사유에 대해 더 많은 고민을 하게 될 것 같구나. 자, 이제 너희들의 의문이 조금 풀렸겠지. 이런 어려운 법적 문제가 생기면 우선 너희들이 판사가 되었다고 생각하고 먼저 판단해 보는 습관을 길러 보렴. 그것이 바로 로스쿨에서 하는 사례형 문제 풀이 학습법(랭들 매소드)이라는 거니까 말이야.

열 번째 재판 **알 카포네 재판**

법보다 주먹이 가깝다?

1920년 미국에서 「금주법」이 시행되기 시작했을 때의 일이야. 「금주법」은 술의 제조, 판매, 수송을 못하게 하는 법이란다. 1917년 미국 「헌법」 수정조항 제18조가 연방 의회를 통과하고 각 주의 승인을 얻어, 3년 뒤인 1920년 1월 29일에 발효되었지. 미국에 알코올 중독자가 늘어나면서 '술과의 전쟁'을 시작한 거야.

이때 시카고 암흑가를 지배하는 두목은 이탈리아 출신인 조니 토리오였어. 그는 갱단을 만들어 주먹질로 악명을 떨쳤지만, 술집·도박장 등을 운영하여 돈을 벌어들이고 있었지.

조니 토리오는 「금주법」이 생겼다는 소식에 귀가 번쩍 뜨였어.

'큰돈을 벌 수 있는 절호의 기회야. 몰래 술을 만들어 비싼 값에 판다면 돈을 갈퀴로 긁을 수 있을 거야.'

조니 토리오는 가슴이 뛰었어. 그는 「금주법」이 시행되었다고 해서 사람들이 술을 마시지 못한다고 생각하지 않았어. 오히려 「금주법」은 술을 만들거나 팔지 못하게 할 뿐, 술 마시는 것을 금하는 법이 아니었거든. 그러니 사람들은 술을 마시기 위해 비밀 술집을 찾을 것이고, 술 소비는 더욱 늘어날 것이라 여겼지.

'비밀 술집들에 독점적으로 술을 대려면 경쟁 밀주 밀매업자들을 몰아낼 돌격대장이 필요하겠지. 누구에게 이 일을 맡길까?'

조니 토리오는 문득 뉴욕의 '파이브 포인츠 갱단'에서 맹활약한 스물한 살의 싸움꾼 알 카포네가 머릿속에 떠올랐어. 그래서 그를 시카고로 불러들였지.

"자네 나와 함께 일하지 않겠나? 나를 도와주면 상당한 재산을 떼어주지."

"고맙습니다. 맡기신 일은 무엇이든 하겠습니다."

이리하여 젊은 알 카포네는 조니 토리오의 오른팔이 되었어. 그는 조니 토리오의 범죄 조직에서 온갖 일을 거들며 신임을 얻었지.

조니 토리오는 몰래 술을 만들어 비밀 술집들에 비싼 값에 팔아넘겼어. 그래서 엄청난 돈을 벌어들일 수 있었지. 하지만 그가 예상한 대로 경쟁 밀주 밀매업자들의 기세도 만만치 않았어. 그들은 자기네 술을 사지 않는 비밀 술집 주인들은 깡패들을 동원하여 흠씬 두들겨 팼지. 이럴 때 알 카포네는 돌격대장 역할을 훌륭히 수행했어. 알 카포네가 나서자 경쟁 밀주 밀매업자들은 발붙일 곳이 없었거든.

알 카포네는 조직을 이끄는 데는 거의 천재였어. 얼마 되지 않아

자기를 따르는 부하를 7백 명이나 거느리게 되었지. 그뿐만 아니라 알 카포네는 경찰과 정치인들을 매수하여 자기편으로 만들었어. 1924년에는 시장 선거에 출마한 자기 사람을 적극적으로 밀어 시장에 당선시키기도 했지.

알 카포네는 1925년 조니 토리오가 물러난 뒤에는 그의 조직을 넘겨받아 시카고 암흑가의 우두머리가 되었어. 그는 '밤의 대통령'이라 불렸고, 시카고에서만 비밀 술집을 161개나 운영했지. 술을 몰래 수입하거나 만들어 팔아 1927년에만 1억 달러 이상의 수입을 올렸다고 해.

알 카포네는 세력 확장을 하면서 경쟁 갱단과 치열한 싸움을 벌였어. 그에게 맞서는 경쟁자들은 사람을 보내 무참하게 살해했지. 1924년 알 카포네가 갱단 두목인 디온 오버니언과 싸울 때의 일이야. 오버니언은 아일랜드 출신의 술 밀매업자로서 낮에는 꽃가게를 운영하고 있었지. 알 카포네는 오버니언이 자신에게 맞서자 곧바로 보복을 했어. 꽃가게로 사람들을 보내 오버니언을 권총으로 쏘아 죽인 거야.

또한 1929년에는 모런의 갱단 조직원 일곱 명을 습격해, 경찰 옷을 입은 알 카포네의 부하들이 이들을 벽에 세워 둔 채 기관총 세례를 퍼부었어. 이 사건을 '성 밸런타인데이 학살'이라고 부르지. 이 끔찍한 살인 사건의 배후에는 누가 있는지 시카고에는 모르는 사람이 없었어. 물론 알 카포네였지. 하지만 증거가 없어 그를 잡아들일 수가 없었어.

알 카포네가 시카고를 주름잡던 시절, 시카고에는 10년 동안 5백

건이 넘는 갱단 살인 사건이 일어났어. 하지만 범인들은 거의 잡히지 않았고 그 배후조차 밝혀지지 않았단다. 알 카포네가 청부 살인을 했거나 직접 살인에 가담했음을 모르는 사람은 없었어. 그렇지만 증거가 없어 그를 교도소로 보낼 수는 없었지. 알 카포네는 강도, 총기 매매, 밀주 생산·판매, 청부 살인, 도박장 개설 등 온갖 범죄를 저지른 '밤의 대통령'이었어. 그런데 그를 감옥에 집어넣을 수 없었으니 '시카고에는 법이 없다.'는 여론이 들끓을 정도였지.

그런데 그때 이 악명 높은 갱단 두목을 감옥에 집어넣을 방법이 생겨났어. 1927년 '밀주 밀매업자도 소득세를 내야 한다.'는 연방 대법원 판결이 나온 거야. 그렇다고 스스로 세금을 내는 밀주 밀매업자는 없었어. 그렇게 하면 「금주법」에 따라 먼저 처벌을 받을 테니 말이야.

알 카포네가 세금을 얼마나 내는지 궁금해 한 것은 미국연방수사국(FBI)의 엘리엇 네스였어. 그는 특별 수사대를 조직하여 열두 명의 대원들과 함께 알 카포네의 범죄 조직을 파헤치고 있었지. 네스는 연방 단위의 고급 경찰 관료였고, 시카고 경찰의 협조를 받지 않고 독립적으로 일했어. 그것은 시카고 경찰이 알 카포네에게 매수되어 있기 때문이었지.

네스는 알 카포네의 비밀 양조장을 찾아내어 맥주를 압수하고 그곳에서 일하는 사람들을 체포했어. 그렇지만 알 카포네는 보석금을 내어 그들을 풀려나게 하고 계속 술을 만들게 했지. 그래도 네스는 포기하지 않고 그들과 싸워 나갔어. 새로운 양조장을 찾아내어 기습하고, 거기서 일하는 사람들을 체포한 거야. 양조장이 영업 정지를 당하니 알 카포네는 손해가 이만저만이 아니었어.

"지독한 놈! 감히 나한테 도전을 해와? 용서할 수 없다. 그놈에게 따끔한 맛을 보여 줘라."

알 카포네의 명령으로 부하들은 네스를 혼내 주러 나섰어. 네스 일행에게 총을 쏘거나 네스의 승용차를 박살내고 자동차 바퀴를 총으로 펑크 내기도 했지. 그렇지만 네스는 눈 하나 깜짝하지 않았어. '해볼 테면 해봐라.' 하며 알 카포네와의 싸움을 멈추지 않았지.

이렇게 되자 알 카포네는 작전을 바꾸었어. 자신의 부하에게 돈 봉투를 쥐어 보내 네스에게 이런 말을 전한 거야.

"2천 달러다. 우리를 괴롭히지 않으면 매주 이만큼의 돈을 주겠다."

네스는 그 말을 끝까지 다 듣지 않았어. 그 자리에서 알 카포네의 부하를 쫓아 버렸지. 네스도 알 카포네의 범죄가 지겨워졌지. 혐의는 없고 계속 반복하니 말이야.

어느 날, 네스는 문득 이런 생각이 들었어.

'알 카포네는 해마다 엄청난 돈을 벌어들인다지? 그렇다면 세금을 얼마나 낼까?'

네스는 이 점이 궁금하여 알 카포네의 경리과 사무실에 전화 도청 장치를 설치했어. 그래서 전화 통화 내용을 엿들었지. 그 결과 알 카포네는 막대한 소득에도 불구하고 소득세를 한 푼도 내지 않는다는 사실을 알아내었단다.

네스는 무릎을 쳤어.

'이제 됐다! 알 카포네를 「연방소득세법」 위반으로 감옥에 집어넣는 거야!'

그러던 어느 날이었어. 네스는 알 카포네의 경리과 사무실을 습격하여 회계 장부를 압수하고 경리과 직원 프레드 리스를 체포했어. 알 카포네를 법정에 세우기 위해서는 경리과 직원의 진술이 필요했어. 형사들은 리스를 혹독하게 심문했지. 그러나 리스는 입을 지퍼처럼 잠그고 절대 열지 않았어. 달래고 위협해도 소용이 없었어. 그때 부하 형사 한 사람이 네스에게 귀띔을 했어.

"리스에게는 약점이 있답니다. 벌레를 엄청 무서워한대요."

"오, 그래? 알겠다."

네스는 리스를 감옥에 집어넣고 그 안에 바퀴벌레 수백 마리를 풀었어. 그러자 리스는 겁에 질려 비명을 질렀지.

"으악, 사람 살려!"

리스는 결국 닷새를 넘기지 못했어. 바퀴벌레로부터 벗어나려고 사실대로 진술을 한 거야. 재판이 끝나자 그는 곧 풀려나 남아메리카의 은신처로 보내졌지.

1931년 알 카포네는 「연방소득세법」 위반으로 드디어 법정에 세워졌어.

검사는 이렇게 말했지.

"피고인 알 카포네는 현재 드러난 것만 해도 100만 달러 이상 탈세를 했습니다. 물론 현금으로 들어오는 돈이 엄청나서, 그에 비하면 새 발의 피에 불과하겠지요. 하지만 그 이상은 증명할 방법이 없습니다."

법정에는 경리과 직원 리스를 비롯하여 수많은 증인이 세워졌어. 이들의 증언을 듣는 데만 해도 일주일이 걸릴 정도였지. 알 카포네의 변호사들은 당황했어. 이렇게 많은 증인들이 나와 생생한 증언을 할 줄 몰랐거든. 알 카포네의 변호사들도 증인을 법정에 세웠어. 그는 경마장의 마권업자였지.

"알 카포네는 경마에서 잃은 돈이 엄청납니다. 지금은 돈이 한 푼도 남아 있지 않을 거예요."

이런 증언에 대해 검사가 반박하고 나섰어.

"피고인 알 카포네가 경마에서 많은 돈을 잃어 빈털터리가 되었다는 것은 이 재판에서 중요하지 않습니다. 잃은 돈도 이미 벌어들인 돈이니까요. 보다 중요한 것은, 피고인이 경마에서 잃은 돈이 모두 탈세를 한 돈이라는 사실입니다. 마권업자의 증언대로라면 피고인은 경마에서 잃은 돈이 1924년 2만 4천 달러, 1925년 4만 1천 달러, 1926년 4만 5천 달러, 1927년 9만 달러입니다. 모두 20만 달러인데 알 카포네는 이 수입에 대해 세금을 내지 않았습니다."

궁지에 몰리자 알 카포네의 변호사들은 이렇게 주장했어.

"이 재판은 처음부터 잘못되었습니다. 다른 일로 피고인을 잡아들이지 못하니 하찮은 세금 문제로 피고인을 잡아들이려는 것입니다. 그리고 피고인이 지출한 돈을 수입으로 몰고 가는데, 그 돈이 모두 남에게 빌린 돈이라는 사실은 왜 인정하지 않습니까?"

변호사들은 이런 사실을 증명하겠다며 증인 몇 사람을 법정에 세웠어. 그러나 그것은 신빙성이 없어 채택되지 못했지.

재판장은 알 카포네의 수입이 증명되었으며, 많은 돈을 갖거나 지출하는 등의 정황 증거들이 있어 유죄가 인정된다고 했어. 그리하여 1931년 10월 24일 「연방소득세법」 위반으로 알 카포네에게 징역 11년 형이 선고되었지. 알 카포네는 곧바로 항소했어. 하지만 기각되었고, 주대법원에 상고했지만 기각되어 원심 판결이 확정되었지.

알 카포네는 세계에서 가장 무시무시한 감옥이라는 알카트라즈 감옥에서 지냈어. 그러다가 병이 들어 8년 만에 감옥에서 풀려났단다. 알 카포네는 1947년 1월 25일, 플로리다 주의 자기 집에서 쓸쓸히 눈을 감았어. 48세의 젊은 나이였지. 그가 갇혔던 감옥은 현재 관광지로 쓰이고 있다는구나.

"미국에 「금주법」이 생긴 적이 있었군요. 우리나라에 「금주법」이 생긴다면 엄마가 좋아하실 거예요. 아빠가 술을 좋아하셔서 엄마가 속깨나 썩이고 있거든요."

별별이의 말에 판관이가 고개를 내저었습니다.

"아니야, 네 아빠는 술을 더 드실걸. 원래 사람은 하지 말라는 일은 더 하게 되잖니. 우리나라에 「금주법」이 생기면 비밀 술집들이 많이 생길 테고, 술꾼들은 술을 더 많이 마시게 될걸."

변호사 아저씨가 말했습니다.

"판관이 말이 옳다. 술꾼들은 술을 더 많이 마시게 될 테고, 비밀 술집들만 더 늘어나게 되겠지. 너희들은 알 카포네 재판 이야기를 듣고 느낀 점이 없니? 알 카포네는 암흑가를 지배하는 두목인데, 온갖 범죄를 저질렀으면서 정작 「연방소득세법」 위반으로 징역을 살았지."

"정말 그렇네요. 범죄의 왕을 세금 문제로 잡아들일 수밖에 없다니 너무 어이가 없어요."

"알 카포네는 경찰과 정치인들을 매수하여 자기편으로 만들었잖니. 미국연방수사국(FBI)의 엘리엇 네스 같은 인물이 없었다면 알 카포네는 끝내 법의 심판을 받지 않았을 거야."

별별이는 변호사 아저씨의 말을 들으니 경찰도 멋진 직업이라는 생각이 문득 들었습니다.

'나도 검사나 수사관이 되어 볼까? 범죄와 전쟁을 치르는……'

시카고 암흑가의 제왕, 알 카포네(1899~1947)

마피아는 이탈리아의 시칠리아 섬에서 만들어졌다는 비밀 폭력 조직이에요. 시칠리아 말로 '아름다움', '자랑'을 뜻하는데, 19세기 말에 미국으로 건너가 뉴욕·시카고 등 대도시를 무대로 이탈리아 이민자들이 범죄 조직을 만들었어요. 마피아는「금주법」시대에 술을 몰래 만들어 파는 일로 엄청난 돈을 벌어 세력을 키워 나갔지요.

알 카포네

이 당시에 마피아의 두목으로 '밤의 대통령'이라 불리며 악명을 떨쳤던 인물이 알 카포네예요. 그는 이탈리아 나폴리에서 미국으로 이주한 집안에서 9명의 자녀 가운데 넷째로 태어났어요. 뉴욕의 빈민가에서 자라난 알 카포네는 소년 시절부터 '파이브 포인츠 갱단'에 가담했어요. 싸움이 벌어졌을 때 왼 뺨에 칼로 그은 상처를 입어 그 흉터 때문에 '스카 페이스(scar face)', 즉 '흉터 난 얼굴'이라는 별명을 얻었지요.

「금주법」이 시행된 1920년 시카고로 옮겨 조니 토리오의 범죄 조직에 가담했으며, 1925년 조니 토리오가 은퇴하자 그 조직을 넘겨받아 시카고 암흑가의 일인자로 군림하게 되었지요.

알 카포네는 시카고에만 비밀 술집을 161개나 운영했으며, 술을 몰래 수입하거나 만들어 팔아 1927년에만 1억 달러 이상의 수입을 올렸어요. 그는 시카고의 경찰과 정치인들까지 매수하여 자신의 세력을 펼쳐 나갔어요. 또한 '성 밸런타인데이 학살' 등 많은 살인과 폭력 사건의 배후 인물로 꼽히기도 했지요.

하지만 그는 1931년 「연방소득세법」 위반으로 재판을 받아 8년 동안 교도소에 수감되었어요. 1939년 풀려난 뒤 투병 생활을 하다가 1947년 1월 25일 세상을 떠났지요.

⚖ 술 소비가 더 늘었던 미국의 「금주법」 시대

조선 시대에는 큰 가뭄이 들거나 흉년이 찾아오면 나라에서 술 마시는 것을 금하도록 했어요. 이러한 법령을 '금주령'이라고 하지요. 나라에서 금주령을 내리는 이유는 식량을 절약하고 하늘의 노여움을 풀기 위해서라고 해요. 금주령이 내려지면 지방에서는 비교적 잘 지켜졌지만, 서울에서는 잘 지켜지지 않았대요. 서울에 사는 양반들이나 벼슬아치들이 지기들의 지위를 이용해 금주령을 어기고 단속이 잘 이루어지지 않아서이지요.

1920년대에 미국에서도 술의 제조, 판매, 수송을 못하게 하는 법이 시행되었는데, 이것이 그 유명한 「금주법」이에요. 1917년 미국 「헌법」 수정조항 제18조가 연방 의회를 통과하여 각 주의 승인을 얻어 1920년 1월 29일에 발효되었지요. 연방 정부는 술의 제조, 판매, 수송을 막으려고 금주 감독부를 만들었으며, 1,520명의 감시관을 뽑아 대대적인 단속에 들어갔어요.

감시관 중에는 잇지라는 사람이 있었어요. 우체국 직원 출신이었는데 대머리에 배불뚝이였지요. 잇지는 술을 몰래 만들어 파는 술집을 단속하려고 한 가지 꾀를 냈어요. 추운 겨울 어느 날 밤, 옷을 훌훌 벗고 팬티 차림이 된 그는 동료에게 업혀 술집 문을 두드렸어요.

"도와주세요! 이 친구가 얼어 죽어가요. 정신을 차리도록 술 한 잔만 주세요."

동료가 다급한 목소리로 사정하자, 술집 주인은 얼른 술을 가져다주었어요. 그러자 잇지는 그 자리에서 술집 주인을 「금주법」 위반으로 체포하고 술집 문을 닫아 버렸지요. 잇지는 이런 식의 수법으로 맹활약을 했는데, 그 내용이 신문에 실려 아주 유명해졌다고 해요.

그러나 1,520명의 감시관으로 그 넓은 미국 땅에서 단속 활동을 하는 데는 어려움이 많았어요. 게다가 「금주법」은 술의 제조, 판매, 수송을 못하게 할 뿐, 술 마시는 것을 금하는 법이 아니었어요. 따라서 술을 마시고 돌아다녀도 「금주법」 위반으로 체포할 수 없었지요.

이런 허술한 법을 이용해 미국에서는 몰래 술을 만들어 파는 비밀 술집들이 엄청나게 늘어났어요. 뉴욕의 경우 「금주법」이 시행되기 전에는 술집이 1만 5천 개였는데, 「금주법」 시대에는 3만 5천 개나 되었다고 해요. 그리고 「금주법」이 시행된 첫 해에 술 소비는 두 배로 늘어났으며, 1927년 시카고에서는 음주 운전이 「금주법」이 시행되기 전보다 476퍼센트나 증가했다고 해요.

「금주법」은 오히려 술 소비를 늘리고 범죄 조직을 키우는 악법이 되어 버렸어요. 그리하여 1933년 대통령에 취임한 프랭클린 루스벨트가 이를 폐지함으로써 「금주법」 시대는 13년 만에 막을 내리게 되었지요.

유재원 변호사와 함께 생각해 보기

 법보다 주먹이 가깝다?

　이런 말 어디서 많이 들어봤지 않니? 전 세계 여러 나라들이 법에 따라서 다스리는 법치국가가 된 지 오래되었는데도, 이런 으스스한 말은 사라지지 않고 있지.

　물론 아주 오랜 원시 시대에는 법이라는 공동체의 약속이 발전하지 못해서 무력이나 권력으로 사람들 사이의 문제를 해결했단다. 그땐 힘 센 사람이나 권력을 가진 사람들의 기분에 따라 모든 사건이 해결되다 보니 공평하고 합리적이지는 못했었지. 너희들도 알다시피 중국 송나라 시대의 판관 포청천은 당시까지도 만연해 있던 권력층의 권력 남용이나 무뢰배들의 완력 행사를 금지하고 송나라의 법에 따라 엄격히 처리했단다. 그때에도 송나라에 법이 있었지만, 힘과 권력이 법보다 앞서고 있었다는 점을 알 수 있겠지. 포청천은 자신의 임무에 맞게 법에 따라 일을 처리한 것인데도 역사에 그 이름이 남고 온 국민들에게 존경을 받았으니 말이야.

　자, 요즘은 어떨까? 요즘도 법보다는 주먹이 가깝다는 사람들이 있어. 그래 바로 조직폭력배(조폭)들 말이야. 그 사람들은 겉으로는 의리가 있고 멋있어 보이지만 힘없는 사람들에게 돈을 뺏거나 사람들의 사업을 방해하는 일들을 한단다. 「모래시계」라는 예전 드라마에서는 두 친구가 검사와 조폭으로 성장해서 서로 싸우게 되지. 한 명은 법의 수호자로서, 한 명은 어둠의 세계에서 폭력과 협박을 일삼는 무뢰배였지. 조폭 친구는 건설 비리, 카지노 사업, 유흥업 등을 공공연히 '사업'이라는 명목으로 온갖 악질적인 일을 벌이곤 하지. 그러다가 결국 비참한 최후를 맞는단다.

1990년 이후 노태우 대통령은 '범죄와의 전쟁'을 선포하고 인신매매, 마약, 폭력, 협박, 청부살인 등을 하던 조폭 세력을 소탕했던 적도 있었단다. 하지만 얼마 지나지 않아 그 두목들이 풀려나면서 조폭들의 세상은 다시 시작되었지. 그래서 요새도 종종 조폭 관련 뉴스(패싸움, 살인 등등)가 나오는 거야.

알 카포네는 1920년대 미국에서 활동했던 갱단이었지. 알 카포네는 밀주 제조, 매춘(성매매), 청부 폭행, 마약 유통, 도박장 개설 등등 온갖 나쁜 짓은 다했단다. 폭력 살인을 두려워한 사람들은 알 카포네를 '밤의 대통령, 밤의 황제'라고도 이야기했지. 하지만 그 사람은 자신의 고향인 시카고뿐만 아니라 미국 전역까지 범죄로 오염시켰고 세계의 조폭들과도 손을 잡아서 세계적인 범죄를 저지르기도 했단다. 그의 시대는 영원할 것 같았지. 알 카포네는 돈도 많았고 권력을 가진 사람들과도 친해서 평생 '밤의 대통령'을 할 수 있을 것 같았어.

그런데 알 카포네 또한 공동체의 약속(법)에서 절대 벗어날 수 없

생각해 보기 221

었단다. 그야말로 알 카포네는 법보다 주먹이 앞선다는 것을 그럴 듯하게 보여준 사람이었지만, 결국 법을 위반한 범법자로 남은 인생을 쓸쓸히 살아야 했단다. 그를 추종하던 조폭들도 모두 소탕되었고 뿔뿔이 흩어졌지. 아까 말한 「모래시계」라는 드라마에서도 조폭은 결국 친구인 검사에게 붙잡혀 사형을 당했지.

자, 이제 결론은 내려졌겠지? 법보다 주먹이 가깝다는 생각은 큰 착각이야. 주먹으로 잠시나마 남들에게 군림하겠지만 법을 위반하는 횟수가 늘어나면 그 사람은 범법자가 되어 감옥에 가게 된단다. 그러니까 주먹은 우리를 보호해 줄 수 없어. 법보다 주먹이 가까운 것처럼 보이지만, 우리를 오래도록 보호해 주는 것은 법이란다.

탈세와 뇌물수수는 왜 사라지지 않을까?

알 카포네는 돈으로 권력층을 회유하고 주먹으로 다른 사람들을 위협하면서 자기의 범죄를 은폐했어. 종종 범죄 사건으로 수사를 받았지만 경찰·검찰과 판사·배심원까지도 돈으로 매수해서 무혐의 처분, 무죄 판결로 풀려나곤 했지.

그런 천하의 알 카포네가 딱 하나 걸린 것이 있었지. 그래, 바로 탈세와 뇌물 제공이었어. 많은 돈을 쌓으면서도 정당한 세금을 안 냈다는 것과 권력층에게 뇌물을 줘서 법망을 빠져나갔다는 것만은 알 카포네도 숨길 수 없었던 거야. 그런 범죄는 아무도 모르게 할 수 있을 것 같지만, 정작 종국에는 모두 폭로되는 특징이 있어. 요즘도 재벌총수들이 탈세로 수사를 받아 구속되고 정권 실세라고 불리는 사람들이 뇌물죄로 처벌받는 일이 종종 방송에 나오질 않니? 그 사람들도 '세상 모르게' 몰래 했다고 생각하지만 언젠가는 크게 폭로되어 중범죄로 처벌받게 된 거란다.

탈세(조세포탈) 범죄와 뇌물죄는 그 역사가 참 오래된 범죄들이야. 범죄학자들은 이러한 범죄들이 고도의 지능으로 범해진다는 점을 착안해서 화이트칼라 범죄라고도 하지. 금융사기, 조세포탈, 불법로비(뇌물공여, 수수) 등의 범죄는 화이트칼라(지식인)층이 지위나 권력을 이용해서 은밀하게 저지른다는 거야. 이런 범죄들은 적발하기도 어렵고 단서를 잡아도 무죄로 빠져나가는 경우도 많아. 수사당국으로서도 참 괴롭고 부담스러운 얄미운 범죄이지.

자본주의 사회에서 남들보다 돈을 더 많이 버는 것은 문제가 되지 않지만 소득세, 법인세 등의 세금을 안 내고 계속 부를 축적하는 것은 불법이야. 우리나라에서도 「조세범 처벌법」에서 조세포탈을 처벌하고 「특정범죄 등의 가중처벌에 관한 법률」에서는 큰 규모의 탈세를 가중처벌하고 있지. 부유층들은 때때로 세금을 탈세해서 재산을 늘리고 나중에는 증여세나 상속세를 내지 않는 방법으로 많은 재산을 자식들에게 몰래 물려주곤 한단다. 이렇게 되면 부자의 아들은 계속 부자가 되고 가난한 사람의 아들은 계속 가난한 사람이 될 수밖에 없기에 사회에 큰 불공평을 가져온단다. 그래서 법에서는 엄격히 탈세를 금지하는 거야. 앞으로 우리나라 국세청과 검찰청에서는 탈세를 하는 화이트칼라들과 '총성 없는 전쟁'을 계속해서 조세정의를 실현할 거라고 본단다. 물론 이 전쟁은 언제 끝이 날지 알 수는 없겠지.

뇌물죄는 어떨까? 뇌물죄는 말 그대로 공직에 있는 사람들이 공정하게 법집행을 하지 않고 직무와 대가 관계가 있는 돈(이익)을 받는 것을 말한단다. 이 범죄는 어떤 문제가 있을까? 겉으로 보기에는 돈이라는 것을 서로 주고받았을 뿐 아무도 피해를 보지 않는 것처럼 보이는데 말이야. 하지만 이것은 사람을 때리거나 재산을 뺏는 것만큼 사회에 큰 해악을 준단다. 공무원은 법에 따라서 엄정하게 법집행을 해야 하는데 어떤 사람이 돈을 주었다고 해서 편의를 봐주고 처벌을 면제해 준다면 그것은 '법 앞의 평등'이라는 헌법정신에도 반하는 거야. 특히 그런 불공평한 법집행으로 정당하게 합격해야 할 다른 사람이 불합격하거나, 허가를 받을 수 있는 사람들이 허가를 못 받게 되면 큰 문제가 되지. 더군다나 범죄자가 경찰, 검사, 판사에게 뇌물을 써서 죄를 면제받는다면 범죄 피해를 당한 피해자들은 억울해서 못 살 거란다. 나라가 자기들이 낸 세금으로 죄인을 감싸고 있다고 생각하면, 큰 사회적 혼란을 가져오겠지.

이제 뇌물죄의 해악을 잘 알겠지? 그래서 뇌물죄도 화이트칼라 범죄 중 하나로서 보다 엄중하게 처벌되곤 한단다. 하지만 뇌물죄는 줄지 않고 있고 또한 매일 벌어진단다. 뉴스만 켜도 고위직 장·차관부터 동사무소 직원까지 뇌물죄로 세상을 시끌시끌하게 하는 경우가 많아. 슬쩍 돈을 받으면 아무도 모를 거라고 생각하지만 옛말에 "낮말은 새가 듣고, 밤말은 쥐가 듣는다."라고 하지 않니. 그처럼 세상에 비밀이라는 것은 존재할 수 없는 거란다. 여러분들도 공직자가 된다면 뇌물이라는 것에 초연해져야 해. 돈을 받는 것뿐만 아니라 값비싼 선물을 받거나 맛있는 음식을 대접받는 것도 모두 뇌물이 된다는 것을 명심해야 할 것이야.

탈세 범죄와 뇌물죄는 사라지기는커녕 앞으로도 인류의 역사가 계속되는 한 끈질기게 생명력을 이어갈 것 같아. 검찰청에서 발표하는 대한민국 범죄백서에서도 탈세 범죄와 뇌물죄가 전혀 줄어들지 않고 오히려 늘어나고 있는 추세이거든. 하지만 희망은 있어. 점점 신용사회·정보화사회가 되면서 탈세의 기회는 사라지고 있고, 국세청 또한 꽤 선진화되어서 탈세 행위를 시의적절하게 적발하고 있단다. 뇌물죄도 아무도 모르게 묻히는 경우보다는 세상에 폭로되는 경우가 많아서 점점 숨길 수 없는 범죄가 되고 있단다. 이 범죄들이 근절되려면 국세청, 검찰청, 법원뿐만 아니라 국민들의 생각도 많이 변해야겠지. '탈세하면 괜찮겠지', '뇌물을 써서 나한테 유리하게 해야지'라고 생각하는 사람들이 사라져야 탈세 범죄와 뇌물죄가 사라질 거야. 그날까지 우리 모두 범죄와의 전쟁을 벌이자꾸나. 파이팅!

열한 번째 재판 **스콥스 재판**

역사적인 원숭이 재판

 오늘은 '어린이 로스쿨'에서 모의재판을 하는 날입니다.

솔로몬 왕은 서로 자기 아이라고 주장하는 두 여인에게 "아이를 둘로 나누어 여자들에게 주라."는 기막힌 판결을 내려 진짜 엄마를 가려냈습니다. 그런데 솔로몬 왕의 아버지인 다윗 왕도 솔로몬 왕 못지않게 지혜로웠다고 합니다. 그래서 '어린이 로스쿨'에서는 다윗의 재판 이야기를 가지고 모의재판을 하기로 했습니다.

다윗의 재판 이야기는 이런 내용이랍니다. 다윗이 왕위에 오르기 전, 그러니까 양치는 목동으로 지낼 때의 일입니다. 어느 날 다윗은 한 여인을 만나 억울한 사연을 들었습니다.

그 여인은 금화를 항아리에 나눠 담아 그 속을 꿀로 채워 죽은 남편의 친구에게 맡겼습니다. 그리고 마을을 떠나 먼 고장으로 가서 살았지요.

몇 년 뒤 고향으로 돌아온 여인은 남편의 친구한테 맡겼던 항아리들을 찾았습니다. 그런데 집에 와서 뚜껑을 열어 보니 항아리 속엔 금화가 사라지고 없었습니다. 남편의 친구가 금화들만 빼어 내고 꿀을 사다 채워 넣었기 때문입니다.

다윗 왕

여인은 너무나 억울하여 재판관을 찾아갔습니다. 하지만 항아리에 금화가 들어 있었다는 것을 아는 증인이 없어 재판을 할 수가 없었습니다. 사울 왕을 찾아가 하소연해도 마찬가지였습니다.

여인으로부터 억울한 사연을 들은 다윗은 사울 왕의 허락을 받아 재판관이 되었습니다. 그래서 여인과 남편 친구를 재판정으로 불러 재판을 열었습니다.

다윗은 꿀항아리를 가리키며 금화가 담겨 있던 항아리가 맞냐고 물었습니다. 여인은 그렇다고 대답했습니다. 그러자 다윗은 하인들에게 항아리마다 채워져 있는 꿀을 쏟아내게 했습니다. 그리고 빈 항아리들을 몽둥이로 깨뜨려 버렸습니다. 다윗은 항아리 조각들을 하나하나 살펴보더니 금화 두 닢을 찾아냈습니다. 끈끈한 꿀단지 바닥에 금화가 달라붙어 있었던 겁니다. 그리하여 남편의 친구가 거짓말했다는 것이 들통 났고, 여인은 금화를 찾을 수 있었습니다.

　모의재판을 하려면 배역을 정해야 합니다. 변호사 아저씨는 아이들에게 종이를 나눠 주며 말했습니다.
　"너희들 가운데 몇 사람을 뽑아 다윗, 여인, 남편의 친구, 하인 등의 배역을 맡길 거다. 나머지 사람들은 방청객이 되고……."
　별별이는 다윗 역을 맡고 싶었지만 떨어지고 말았습니다. 할 수 없이 방청객이 되어 재판을 구경했습니다. 다윗 역은 판관이가 맡고, 남편 친구는 고을이가 맡았습니다. 여인은 보라가 뽑혔습니다. 그리고 하인은 승렬이란 아이가 맡았습니다.
　이리하여 곧 재판이 열렸는데 난처한 일이 생겼습니다. 꿀을 쏟아낸 빈 항아리들을 몽둥이로 깨뜨려야 하는데, 하인을 맡은 승렬이가 몽둥이를 휘둘러도 항아리가 깨지지 않는 것이었습니다.
　그때 방청석에 앉아 있던 별별이가 튀어나갔습니다.

"몽둥이를 이렇게 잡고 사정없이 휘둘러야 항아리가 깨지지. 너 방청석으로 들어가라. 내가 하인 역을 맡을게."

별별이는 몽둥이를 움켜잡고 힘껏 휘둘렀습니다. 그러자 항아리가 와장창 깨졌습니다.

"와아, 짱이다!"

방청석에 있던 아이들이 박수를 쳤습니다.

모의재판은 그렇게 얼렁뚱땅 끝났습니다.

변호사 아저씨가 웃으며 말했습니다.

"변호사, 검사가 없는 옛날 재판이긴 하지만 그럭저럭 재미있었지? 모두들 수고했다."

그때 판관이가 다급하게 말했습니다.

"아저씨, 큰일 났어요. 모의재판을 하느라 시간이 10분밖에 남지 않았어요. 오늘 재판 이야기를 거르진 않으시겠죠?"

"옳소! 아저씨, 부탁해요!"

아이들은 다 함께 교실이 떠나가라 박수를 쳤습니다.

변호사 아저씨 얼굴에 웃음이 떠올랐습니다.

"알았다, 알았어. '원숭이 재판' 이야기를 들려주지. 미국에서 1925년에 열렸던 스콥스 재판이란다."

아름다운 꽃들이 다투어 피어나는 1925년의 어느 봄날이었어. 미국 테네시 주 데이턴 시에 있는 어느 잡화점에는 다섯 사람이 모여 있었어. 이들은 시민 단체인 '미국 시민 자유 연맹'의 회원들이었지.

라펠리아가 먼저 입을 열었어.

"지난 3월에 테네시 주 의회에서 학교 수업 시간에 진화론을 가르치는 것을 금한다는 법이 통과되었어요. 신이 인간을 창조했다는 성경의 가르침을 부인하는 어떤 이론도 학교에서 가르치면 안 된다는 것이지요. 그것을 어기면 처벌을 받게 되고요."

잡화점 주인인 로빈슨이 흥분하여 목소리를 높였어.

"지금이 어느 때인데 이런 법을 만들어 통과시킵니까? 중세 때라면 또 몰라요. 과학의 시대를 사는 20세기에 이런 법이 버젓이 존재하다니 이해할 수가 없어요. 우리는 구경만 할 수 없어요. 법정에서 투쟁을 해야 합니다."

그 자리에 있던 다른 사람이 물었어.

"법정에서 투쟁을 하겠다면 어떤 절차를 밟겠다는 거죠?"

로빈슨이 대답했어.

"학교 선생님에게 수업 시간에 진화론을 가르치게 하는 거지요. 그럼 법을 어겼으니 재판을 받게 될 테고, 그때 이 법이 폐지되도록 법정 투쟁을 하는 겁니다."

라펠리아가 고개를 끄덕였어.

"그거 좋은 방법이네요. 진화론이냐 창조론이냐, 법정에서 세기의 드라마가 펼쳐지겠어요. 세계적인 이목을 집중시킬 거예요."

이들은 학교에서 진화론을 가르칠 교사를 물색했어. 그리하여 고등학교 과학 교사이자 미식축구 감독인 존 토머스 스콥스를 섭외했지. 스콥스는 처음엔 망설였지만 진화론을 가르쳐 재판을 받기로 마음을 정했단다.

얼마 뒤, 스콥스는 생물 시간에 진화론을 강의했어. 칠판에 원숭이 그림을 걸어 놓고 설명을 늘어놓은 거야.

"진화론을 주장한 학자는 찰스 다윈입니다. 그는 인간이 신에 의해 창조된 것이 아니라 여러분 눈앞에 있는 이 원숭이 같은 포유류에서 진화했다고 했지요."

스콥스는 첫날 생물 시간에 진화론을 강의하고는 그 다음 날 생물 시간에도 진화론을 강의했어.

"어제에 이어 오늘도 진화론에 대해 공부하겠습니다."

그러나 스콥스는 그날 수업 시간을 다 채우지 못했어. 갑자기 교실에 불청객이 들이닥치더니 사진을 찍고 체포 영장을 내미는 거야.

"스콥스 씨, 진화론을 가르치면 안 된다는 법을 어겼으므로 당신을 체포합니다."

스콥스는 그 자리에서 체포되었고 재판을 받게 되었지.

미국 시민 자유 연맹에서는 스콥스를 변호하려고 변호사 클래런스 대로우를 내세웠어. 대로우는 미국 사법 역사상 가장 뛰어난 변호사로 손꼽히는 인물로, 무료로 변론을 맡았지.

검찰측 대표는 국무장관을 지냈고 대통령 선거에 세 차례나 출마했던 윌리엄 제닝스 브라이언이었어. 그는 변호사로도 유명했으며 진화론에 대해 강한 증오심을 지닌 독실한 신앙인이었지.

이 재판이 열린다는 소식이 전해지자 미국 언론은 큰 관심을 보였어. 전국의 신문들은 '원숭이 재판'이라는 제목으로 기사를 크게 싣고 취재를 위해 데이턴 시로 기자들을 보냈지.

재판이 열린 것은 1925년 7월 10일이었어. 데이턴 법원은 몰려드는 사람들로 발 디딜 틈이 없었지. 200여 명의 기자들이 모여들었으며, 미국 사법 역사상 처음으로 라디오 전국 중계를 했어. 그리고 65명의 전신 교환수들이 수많은 기사를 세계 곳곳으로 보냈지. 그야말로 이 재판은 전 세계의 이목을 집중시켰던 거야.

재판이 열리던 때는 무더위로 사람들이 지치는 한여름이었어. 낮 기온은 거의 40도에 이르렀지. 그래서 점잖은 판사들도 법복을 벗고 와이셔츠 차림으로 앉아 있을 정도였어.

법정의 열기는 뜨거웠지. 첫날은 700석 정원의 방청석에 900여 명이 모여들었으며, 둘째 날에는 무려 5천여 명이 몰려들었어. 법원 건물이 무너질 것 같아 라울스턴 판사는 법원 건물 앞 잔디밭으로 옮겨 법정 심문을 계속했단다.

첫날, 브라이언이 심문을 했어.

"피고인 스콥스는 신을 모독하고 법을 어겼습니다. 또한 허무맹랑한 이론인 진화론을 성스러운 교육 현장에서 어린 학생들에게 가르쳤습니다. 이것은 용서할 수 없는 범죄 행위입니다."

이어서 대로우가 반대 심문을 했어.

"스콥스가 신을 모독했다고요? 그 증거는 불확실합니다. 스콥스가 법을 어겼다는 것도 마찬가지입니다. 확실한 증거가 없습니다. 왜냐하면 진화론이 성경에 위배되는지 위배되지 않는지 여부는 성경과 진화론에 대한 해석상의 차이일 수 있기 때문입니다."

대로우는 진화론의 정당성을 주장하는 데 열을 올렸어. 그래서 재판장에게 이렇게 요구했지.

"재판장님, 진화론에 대한 이해를 돕기 위해 이 자리에 진화론을 연구한 학자와 교수 등 전문가의 증언을 듣게 해 주십시오. 전문가 증인을 신청합니다."

그러자 브라이언이 반대하고 나섰어.

"그러한 증인은 필요 없습니다. 여러분, 이 책을 보십시오."

브라이언은 스콥스가 학교에서 학생들에게 가르쳤던 과학책을 펼쳐 보이며 말했어.

"자, 여기에 무슨 그림이 있습니까? 사람이 포유류 동물과 같이 있는 그림이지요? 진화론을 주장하는 과학자들은 어째서 사람을 사자·호랑이 따위의 동물들과 같은 집단에 넣는단 말입니까? 성경이 뜻하는 바를 알기 위해서는 전문가 따위는 필요 없습니다."

브라이언이 반대하자 라울스턴 판사는 대로우의 전문가 증인 신청을 허락하지 않았어. 그러자 대로우는 맹렬히 항의했지.

"재판장님, 왜 제 신청을 받아들이지 않으십니까? 너무하십니다."

라울스턴 판사는 대로우가 물러서지 않고 계속 항의하자, 대로우 변호사에게 법정 모독죄로 벌금 5천 달러를 선고했단다. 이리하여 피고인측은 전문가를 법정에 세워 진화론의 정당성을 설명하려던 계획이 어긋나고 말았지.

라울스턴 판사에게 전문가 증인 신청을 거부당하자 대로우는 전략을 바꾸었어. 다음 날 법원 건물 앞 잔디밭으로 옮겨 재판을 진행할 때, 브라이언을 성경에 관한 전문가 증인으로 신청한 거야. 그는 진화론이 옳다는 것을 증명할 기회를 잃었지만, 그 대신 브라이언을 증인으로 내세워 성경이 잘못되었다는 것을 증명하겠다는 속셈이었지.

브라이언이 이 요구를 받아들여 증언대에 섰어.

대로우는 브라이언에게 질문을 던지기 시작했어.

대로우: 브라이언 씨, 당신은 성경에 대해 공부를 많이 하셨지요?
브라이언: 남들만큼 했다고 자부합니다.
대로우: 당신은 성경에 있는 모든 내용을 문자 그대로 해석되어야 한다고 믿으십니까?
브라이언: 성경에 있는 모든 내용은 거기 있는 대로 받아들여야 한다고 믿습니다.

대로우: 그럼 고래가 요나를 삼켰다는 내용은 어떻게 받아들이십니까?

브라이언: 나는 큰 물고기가 요나를 삼키었다고 읽었습니다. 고래가 아니었습니다.

대로우: 그런가요? 좋습니다. 큰 물고기가 요나를 삼켰고, 거기서 요나는 사흘 동안 있었으며, 큰 물고기가 그를 땅 위로 토해냈다, 이런 내용인데 당신은 큰 물고기가 요나를 삼키기 위해 만들어졌다고 믿으십니까?

브라이언: 내가 말하려는 것은 그게 아닙니다. 성경이 그렇다고 하는 것이죠.

대로우: 그 물고기는 보통 물고기인지, 요나를 위해 만든 물고기인지 모른다는 말이군요?

브라이언: 마음대로 추측하십시오. 진화론자들은 추측을 잘하는 사람들이니…….

대로우: 당신은 그 물고기가 사람을 삼키기 위해 특별히 만들어졌는지 말할 준비가 안 되어 있군요?

브라이언: 성경이 말하지 않기 때문에 나도 말하지 않습니다.

대로우: 하느님이 그 물고기를 만들었다는 사실은 믿으시겠죠?

브라이언: 물론입니다. 한 가지 덧붙이자면, 하나의 기적을 믿으면 또 다른 기적을 믿는 것이 아주 쉽습니다.

대로우: 똑같이 어렵지 않고요?

브라이언: 당신에게는 어렵겠지만 나에게는 쉽습니다. 기적은 사람이 이해할 수 없는 것이 행해지는 것이지요.

대로우는 브라이언에게 성경에 대해 별의별 질문을 다 했어. '세상이 정말 6일 만에 창조되었느냐?', '하느님이 낮과 밤을 만들기 전에 세상은 낮이었느냐, 밤이었느냐?', '뱀이 하느님에게 저주를 받아 배로 땅을 기어 다니라고 하기 전에 꼬리로 걸어 다녔는가?', '하와가 창조되기 전에는 이 세상에 여자가 없었는데, 카인은 어디에서 아내를 얻었느냐?' 등등……. 브라이언은 어려운 질문을 받아도 자기가 아는 대로 성실히 대답했고, 모르는 것이 있으면 모른다고 솔직히 대답했어.

창조론을 믿는지 또는 진화론을 믿는지에 따라 세상을 보는 시각이 다르지 않겠니? 브라이언과 대로우는 서로 다른 시각을 가지고 있었기 때문에 이들의 토론은 평행선을 달릴 수밖에 없었지.

이번 재판은 오직 스콥스가 테네시 주에서 법으로 금하는 진화론을 가르쳤는지 여부에만 초점을 맞춘 재판이었어. 따라서 스콥스가 진화론을 가르쳤다고 인정하자 유죄 평결이 내려졌지. 이 재판은 배심원들에 의한 재판이었어. 배심원단은 피고인의 유죄 평결을 내렸고, 재판장이 스콥스에게 100달러의 벌금형을 선고했지.

이 재판은 1심과 2심에서 유죄 판결이 났지만, 다행히도 나중에 대법원에서는 무죄 판결을 받았단다. 그리고 이 법은 1967년에 폐지되었지.

별별이가 말했습니다.

"스콥스 재판을 왜 원숭이 재판이라 했나 했더니 진화론과 창조론이 맞선 재판이었군요. 미국의 학교에서 1967년까지 진화론을 학생들에게 가르치는 걸 금했다는 것은 뜻밖인데요."

"저도 놀랐어요. 진화론을 학생들에게 가르쳤다고 선생님이 재판에 넘겨진 것도 이해할 수 없었고요."

고을이도 진지한 표정으로 한 마디 거들었습니다.

변호사 아저씨가 말했습니다.

"미국에는 기독교 신자들이 많으니, 기독교 교리에 어긋난 교육을 금지시키고자 했고, 진화론을 학교에서 가르치는 것을 금했던 것이지. 이 이야기는 이 정도로 하고 다음 재판 이야기로 넘어갈까? 다음에는 전쟁 범죄자(전범) 재판인 뉘른베르크 재판이다."

⚖️ 스콥스 재판의 주역 스콥스, 대로우와 브라이언

미국 테네시 주에서 금하는 진화론을 고등학교에서 가르쳤다는 죄로 재판을 받은 존 토머스 스콥스는 당시에 24세의 젊은이였어요. 그는 학교를 그만둔 뒤 시카고 대학교에 진학해 지리학을 공부했어요. 그리고 걸프 유전 회사에 들어가 일했으며, 1940년부터 1963년까지 루이지애나 슈리브포트에 있는 미국 가스 공사에서 근무했지요.

재판에서 스콥스를 변호했던 클래런스 대로우는 미국 사법 역사상 가장 뛰어난 변호사로 손꼽히는 인물이에요. 시카고 출신인 그는 빈민이나 노동자 계층을 위해 인권 변호를 많이 했지요.

검찰측 대표였던 윌리엄 제닝스 브라이언은 국무장관을 지낸 변호사로, 대통령 선거에 세 차례나 출마했어요.

존 스콥스

대로우와 브라이언은 재판에서 만나 불꽃 튀는 대결을 벌였지만, 두 사람은 전부터 절친한 친구 사이였어요. 브라이언이 대통령에 출마했을 때 대로우는 노동자 계층에게 그에 대한 지지를 호소하며 브라이언을 도왔다고 해요.

브라이언은 스콥스 재판이 끝난 지 닷새 뒤에 갑자기 세상을 떠났답니다.

수전 앨버트슨이 제기한 「진화론 금지법」 위헌 소송

수전 앨버트슨은 미국 아칸소 주 리틀록 중학교의 젊은 여교사였어요. 그의 아버지는 생물학 박사였으며 자신도 학교에서 학생들에게 생물을 가르치고 있었지요.

1965년의 어느 날, 앨버트슨은 문득 이런 생각이 들었어요.

'우리 아칸소 주에서는 학교에서 학생들에게 진화론을 가르치는 것을 법으로 금하고 있어. 이것은 옳은 일이 아니야. 미국 연방 「헌법」의 정신을 위반한 거야.'

앨버트슨은 진화론을 가르치는 것을 금하는 주의 법이, 미국의 「수정헌법」 가운데 언론의 자유를 보장하는 규정과 무슨 종교이든 특수한 지위를 주어서는 안 된다는 조항을 어겼다고 보았어요. 그래서 법원에 위헌 소송을 제기했지요.

이 소송은 미국 연방 대법원까지 올라갔는데, 1968년 11월 12일 판결이 나왔어요. 진화론을 가르치는 것을 금하는 아칸소 주의 법을 위헌으로 선언한 거예요. 이 법이 연방 「헌법」의 정신을 위반했다면서요. 이로써 아칸소 주의 「진화론 금지법」은 폐지되었답니다.

유재원 변호사와 함께 생각해 보기

 종교·과학의 문제, 어느 경우에 법원이 나서야 할까?

인류의 조상이 원숭이인지, 아담인지? 정답은 뭘까? 쉽게 대답하기 어려운 문제이구나. 과학자의 입장에서 보면 인류의 조상은 같은 영장류인 원숭이겠지만 기독교인의 입장에서 보면 우리 인간은 하나님의 창조물이겠지. 이것은 각자의 생각과 신조에 따라 믿게 마련인 거고, 믿거나 생각하는 자유의 영역일 뿐이야. 갈릴레이 재판에서도 이야기했듯이, 종교적인 문제나 과학적인 문제는 원래부터 재판의 대상이 안 된단다. 한때 종교 재판이라고 해서 「교회법」으로 만사를 판단한 예가 있었지만 지금은 정교분리원칙이 철저해서 종교의 이념으로 사회질서를 규율하는 경우는 거의 사라졌단다 (이슬람 일부 국가만이 코란의 율법으로 사회를 다스린다고 해). 그러니까 종교의 교리 문제나 과학의 진리 연구 문제는 애초부터 법정에서 다툴 문제는 아닌 거야.

하지만 어느 한쪽이 자신의 입장을 다른 사람들에게 강요

여러 가지 코란

하기 시작하면 어떨까? 과학을 신뢰하는 사람들이 "성경은 거짓이다. 성경은 과학적으로도 근거가 없다. 성경 말씀을 믿지 말자."라고 한다거나, 종교를 신봉하는 사람들이 "과학이라는 것도 인간이 만든 환상일 뿐이다. 과학은 원래 뒤집히게 마련이다. 현 시대의 과학을 믿지 말자."라고 하면 어떨까? 이쯤 되면 과학이나 종교가 아니라 서로 간의 전쟁이 되어 버리겠지. 물론 결과는 끔찍한 재앙이겠고 말이야. 과학파, 종교파간의 대립이 법정 대립(재판)으로 갈 수도 있겠지.

　여기서 알아야 할 점은 우리 「헌법」에서 학문의 자유와 종교의 자유를 모두 보장하고 있다는 점이야. 종교가 우월하다거나 학문이 우월하다거나 하는 식으로 재판거리를 삼을 수는 없지만, 다른 종교를 탄압하거나 다른 학문 활동을 방해하는 것은 모두 재판으로 할 수 있어. 「헌법」에서 보장한 학문의 자유, 종교(신앙)의 자유를 방해하는 것은 불법이기 때문이야. 신앙의 자유와 학문의 자유는 특히 인간이 생각하는 바와 관련된 것으로서 양심과 사상의 자유와 직결되지. 토머스 모어 사건에서도 보았지만 양심과 사상의 자유는 절대적으로 보호해야 할 기본적 권리이기 때문에 어떠한 사유로든 심각한 제한을 해서는 안 된단다. 따라서 종교와 학문에 대한 간섭은 기본권 제한에 관한 사건으로서 재판이 가능하단다.

　종교의 자유와 관련해서 우리나라 법원에서도 불교도인 학생에게 기독교 채플 활동을 강요하다가 그것을 거부하자 퇴학시킨 학교재

헌법 재판소

단에 대해 '위법'이라는 판단을 내린 적이 있지(대법원 2010. 4.22. 선고, 2008다38288 사건, 일명 '강의석 군 퇴학' 사건). 종교의 자유를 침해하는 것은 허용될 수 없다는 엄정한 법의 판단이었어. 다만 종교의 자유를 요구하면서 병역을 거부하는 행동(양심적 병역거부)에 대해서는 법원과 헌법재판소가 일관되게 "병역 의무를 지우는 것이 종교의 자유를 침해하는 것이 아니다(이른바 '여호와의 증인' 사건)."라고 하고 있단다.

학문의 자유와 관련해서 우리 법원은 학문의 자유를 최대한 보장해 주어야 한다는 입장을 보였고, 헌법재판소도 "학문의 자유라 함은 진리를 탐구하는 자유를 의미하는데, 그것은 단순히 진리 탐구의 자유에 그치지 않고, 탐구한 결과에 대한 발표의 자유 내지 가르치는 자유 등을 포함하는 것이라 할 수 있다."라고 했단다.

종교의 자유, 학문의 자유는 그 내용 자체로는 법원에서 판단할 것이 아니야. 알라신을 믿든 부처님을 믿든, 예수님 말씀이 맞든 틀리든 그건 재판에서 다루지 않아. 학문도 마찬가지지. 뉴튼의 미분이 맞든, 라이프니츠의 미분이 맞든 그것도 법원에서 관여할 문제가 아니지. 하지만 그런 종교의 문제, 학문의 문제에 간섭해서 강제로 "이것이 맞고 다른 건 틀려."라고 하는 사람들에 대해서는 법이

개입하게 된단다. 그건 종교의 자유와 학문의 자유를 침해하는 불법 행위야. 이 점을 유의해야 할 거야.

열두 번째 재판 **뉘른베르크 재판**

연합군의 나치 전범 재판

1945년 11월 20일 독일 남부에 있는 공업 도시 뉘른베르크는 조금 쌀쌀했어. 밤사이 내리던 비는 그쳤지만 바람이 불고 있었지. 뉘른베르크의 퓌르터 거리에는 뉘른베르크 법원이 자리 잡고 있었어. 이 법원 건물은 전쟁의 와중에도 파괴되지 않은 채 옛 모습 그대로 서 있었어. 그 옆에는 자그마한 건물이 있는데, 얼마 전까지 나치의 법원에서 사형 판결을 내리면 그 죄수들을 한 줄로 세워 놓고 총살형을 집행하던 곳이었지.

뉘른베르크 법원 주위는 미군 헌병들이 지키고 있었어. 아침이 되자 뉘른베르크 법원으로 사람들이 모여들기 시작했어. 그들은 그날부터 시작되는 역사적인 재판과 관련 있는 사람들이거나 이 재판을 취재하러 온 미국·영국·프랑스·소련의 기자들이었지. 사람들은 저마다 신분증을 가지고 있었는데, 법원 건물로 들어오기 전에 헌병들에게 신분증을 보여 주었어.

법정 안은 무척 넓었어. 한쪽에는 검은 법복을 입은 미국·영국·프랑스 재판관과 군복을 입은 소련 재판관, 그리고 검찰관들이 앉았지. 그들 위에는 미국·영국·프랑스·소련 등 네 나라의 국기가 걸려 있었어.

맞은편에는 피고인석이 있어 21명의 피고인들이 두 줄로 앉았어. 이들 주위는 헌병들이 지키고 있었어. 또한 그 앞에는 변호인석이 마련되어 변호사들이 두 줄로 앉았지. 그리고 법정 한구석에는 기자들이 진을 치고 있었어. 기자석에는 네 나라의 기자들뿐 아니라 어니스트 헤밍웨이, 존 스타인벡 등 세계적인 유명 작가들이 있었어. 이들은 재판에 관한 글을 쓰려고 이곳까지 달려왔지.

이 재판은 평범한 재판이 아니었어. 제2차 세계 대전이 끝난 뒤 미국·영국·프랑스·소련 등의 연합국이 나치 독일 지도자들의 전쟁 범죄를 심판하려고 연 국제 군사 재판이었어. 이 재판이 독일 뉘른베르크에서 열리기 때문에 '뉘른베르크 전범 재판'이라고 알려져 있단다.

연합국들 사이에서 나치 독일 전범 처리 문제가 논의되기 시작한 것은 1941년 말이었어. 이때만 해도 독일군이 유럽을 휩쓸었는데, 연합국들은 이 전쟁에서 반드시 승리하여 나치 독일 전범들을 처벌하겠다고 각오를 다졌지. 그 뒤 미국·영국·소련 세 나라 정상들은 틈날 때마다 나치 독일 전범들을 어떻게 할 것인지 머리를 맞대고 의논했어. 먼저 소련의 스탈린이 말했지.

"나치 독일 전범들은 수많은 사람들을 죽이고 우리를 공포 속에 몰아넣고 있습니다. 이런 못된 무리들에게 재판이 무슨 소용이 있겠습니까? 공연히 시간 낭비하지 말고 체포하자마자 총살시켜 버립시다."

미국의 루스벨트 대통령과 영국의 처칠 수상은 고개를 저었어.

"그건 안 됩니다. 정식 재판을 통해 그들의 전쟁 범죄를 밝혀내고 심판을 받게 해야지요."

루스벨트와 처칠은 나치 독일 전범들을 재판으로 처벌받게 해야 한다고 주장했어. 스탈린은 이들의 뜻을 따르지 않을 수 없었지.

그리하여 1945년 5월 독일이 연합군에게 항복을 하자, 8월 8일 연합국들은 '국제 군사 재판의 설립에 관한 협정'을 맺어 독일 나치 전범들에 대한 재판을 열기로 했어. 재판관은 미국·영국·프랑스·소련에서 각각 2명씩 임명한 사람들로 이루어졌는데, 재판장에는 영국의 제프리 로렌스 경이 뽑혔어. 그리고 검사 70명 가운데 수석 검사는 네 나라마다 각 한 명씩 두었으며, 20명의 변호사는 모두 독일 사람들로 채워졌지.

11월 20일 처음 열린 재판에서는 나치 독일을 이끌었던 아돌프 히틀러와 선전 장관 요제프 괴벨스, 그리고 나치 친위대장 하인리히 히믈러는 얼굴을 보이지 않았어. 이들은 재판을 받기 전에 이미 스스로 목숨을 끊어서였지.

따라서 피고인석에서 굳은 얼굴로 앉아 있는 사람은 히틀러 제국의 수상인 헤르만 빌헬름 괴링, 외무장관 요아힘 폰 리벤트로프, 내무장관 빌헬름 프리크, 건축가이자 군수 장관 알베르트 슈페어, 히틀러의 대변인을 지낸 루돌프 헤스, 육군 원수이자 참모총장 빌헬름 카이텔, 해군 총사령관 카를 되니츠, 해군 참모총장을 지낸 에리히 래더, 육군 대장이자 국방군 사령부 총책임자 알프레트 요들, 반유대주의 잡지 《슈트르머》의 발행인 율리우스 슈트라이허 등 21명이었어.

10시 30분이 되자 미국측 수석 검사인 로버트 잭슨이 공소장을 읽으려고 자리에서 일어섰어. 피고인들은 헤드폰을 쓰고 있었어. 마이크를 통해 말하는 내용은 독일어·영어·프랑스어·러시아어 등으로 동시통역되어 들을 수 있었지. 40여 명의 통역사들이 피고석 왼쪽에 자리 잡고 앉아 각 나라 말로 부지런히 통역을 하고 있었던 거야.

잭슨은 공소장을 읽어 내려가기 시작했어.

"우리가 재판하려고 하는 죄악은 치밀하게 계산되고 악의에 찬 데다가 엄청난 피해를 주었습니다. 그러므로 인류 문명을 생각한다면 이를 내버려 둘 수가 없습니다. 전쟁에서 승리한 네 나라는 결코 복수를 하려는 것이 아닙니다. 체포한 적들을 다만 법의 심판에 맡기려는 것입니다. ……피고인석에는 20여 명의 피고인들이 앉아 있습니다. 이들은 전쟁을 일으켜 많은 사람들에게 고통을 안겨 주었습니다. ……본 재판이 중요한 것은 피고인들이 악의 대변인인데다가, 그 악한 힘이 이들이 형장의 이슬로 사라져 버려도 오랜 세월 동안 세상에 남아 있을 것이기 때문입니다. 이 법정에서는 피고인들이 인종 차별과 증오, 테러, 폭력, 힘의 오만, 잔혹성의 살아 있는 상징임을 증명해 보일 것입니다."

공소장은 총 66쪽으로, 읽는 데만 다섯 시간이나 걸렸어. 이는 수천 통에 이르는 나치에 관한 자료에서 3천여 장의 문서를 가려내어 이를 근거로 작성된 것이었지.

공소장에 나와 있는 기소 이유는 세 가지야. 첫째는 '평화에 관한 죄'이야. 피고인들은 36개의 국제 조약을 어기고 침략 전쟁을 계획·준비·실행하여 세계 대전을 일으켰지. 둘째는 '전쟁 범죄'야. 피고인들은 전쟁 중에 수많은 전쟁 포로와 민간인들을 죽이고, 재산을 약탈하거나 도시를 파괴했어. 셋째는 '반인류 범죄'야. 피고인들은 민간인들에게 강제 노동을 시키거나 비인간적인 의료 실험을 하는 등 정치적·인종적·종교적 이유로 학대와 살인을 저질렀어.

피고인들은 기소장에 명시된 세 가지 죄목에 따라 심문을 받게 되었어. 검찰이 제출한 증거물이 2,300여 개, 변호인이 제출한 증거물이 2,700여 개였지. 그리고 240명의 증인이 출석하여 3만여 개의 세부 항목에 대해 증언을 했어.

이 재판에서 특이한 점은, 개인뿐만 아니라 조직도 기소 대상이 되었다는 점이었어. 그래서 나치당, 나치 친위대, 게슈타포와 보안대, 나치당 행동대, 합동 참모부, 독일군 최고 수뇌부, 독일 정부 내각 등도 재판을 받았지.

1945년 11월 29일에는 이런 일이 있었어. 피고인들이 법정으로 들어와 자리를 잡고 앉자, 별안간 불이 꺼졌어. 그러더니 단상에 스크린이 내려오고 영화가 상영되는 것이었어.

그 영화는 나치 독일이 만든 기록 영화였지. 영화 속에 등장한 것은 부헨발트의 유대인 강제 수용소 풍경이었어. 팔다리가 장작개비처럼 앙상한 시체들이 잔뜩 쌓여 있는가 하면, 나치당 행동대 사람들이 힘없는 사람들을 마구 때리는 모습도 화면에 나타났어. 또한 이 끔찍한 장면을 증오의 눈초리로 바라보는 사람들도 보였어.

법정에서 이런 영화를 보여 주는 데는 이유가 있었지. 앞으로 본격적인 심문이 시작되면 반드시 다루어야 할 것이 강제 수용소에서 이루어졌던 엄청난 만행이었어. 나치는 히틀러와 그 추종자들의 명령에 따라 가장 열등한 인종을 잡아 없앤다며 '유대인 학살'에 나섰어. 그들은 독일 및 독일 점령 지역에 수백 개의 강제 수용소를 세우고 유대인들을 집단 학살했어. 그렇게 나치에게 희생된 유대인이 무려 420만 명에서 570만 명이었지.

그러나 나치는 유대인 학살을 철저히 숨겼어. 특수한 노동을 위한 집단 노동 수용소만 있었을 뿐, 가스실을 갖춘 '죽음의 수용소'

는 없었다고 발뺌을 했지. 재판부는 피고인들이 집단 학살을 숨기고 거짓말을 늘어놓을까 봐, 일부러 강제 수용소의 적나라한 현장이 드러난 영화를 보여 준 거야.

영화가 상영되는 동안 피고인들의 반응은 제각각이었어. 히틀러 제국의 2인자인 괴링은 괴로운 듯 오른손으로 눈을 가렸으며, 슈페어는 슬픈 얼굴로 마른침을 삼켰어. 그리고 카이텔은 불안한 듯 손수건으로 이마의 땀을 닦았으며, 리벤트로프는 침통한 표정으로 화면에서 눈을 떼고 위아래를 번갈아 보았지.

재판은 1945년 11월 20일부터 1946년 8월 31일까지 계속되었어. 재판부는 총 403회에 걸친 심리를 했지.

피고인들은 대부분 자신의 무죄를 주장했어.

"나는 그저 상부의 명령에 따랐을 뿐입니다. 나한테는 아무런 책임이 없습니다."

피고인들은 자신이 단순 가담자이고, 가장 큰 책임은 히틀러 총통에 있다고 했어. 그들은 그저 총통의 명령에 따랐다는 거야.

"나는 군인으로서 조국에 대한 의무와 충성을 다했을 뿐입니다. 독일의 법에 따른 직분을 그대로 지켰습니다."

군인들은 이렇게 주장하기도 했어. 그러나 재판부는 "이 세상에는 나라가 만든 법 외에 모든 인류가 지켜야 할 양심이라는 자연법이 있다. 법률이 죄악의 도구로 전락했을 때는, 사람은 양심에 따라 행동해야 한다. 상부 명령은 따를 필요가 없다."고 했어.

이번 재판에서 가장 큰 관심을 끈 것은 괴링에 대한 심문이었어. 괴링은 나치당 행동대와 게슈타포를 만들었고, 강제 수용소 사업을 시작했지. 그는 첫 번째 강제 수용소를 만들어 힘러라는 인물에게 넘겼는데, 독일에서는 히틀러 다음으로 인기가 높았던 사람이었어.

1946년 3월 21일 영국측 검사 맥스웰 파이프가 괴링을 심문했을 때의 일이야.

파이프가 괴링에게 물었어.

"이 법정에서는 폴란드 안에 있던 강제 수용소인 아우슈비츠에서만 400만 명이 학살당했다는 사실이 밝혀졌습니다. 기억나십니까?"

괴링이 대답했어.

"저도 이번 재판에서 그런 주장을 들었는데요. 숫자는 증명할 수가 없지요."

헤르만 빌헬름 괴링
© Bundesarchiv, Bild 102-13805/
CC-BY-SA

"허허, 왜 그러십니까? 아우슈비츠의 책임자들이 모든 범행을 인정했는데요."

"그런 사실이 있었는지 저는 보고받지 못했습니다. 아마 히틀러 총통도 그 일에 대해서는 전혀 몰랐을걸요. 힘러가 아무도 모르게 한 일이었으니까요. 우리는 몇 명을 죽였는지, 그곳에서 무슨 일이 있었는지 보고받은 적이 없어요."

"당신은 외국 신문을 보거나 라디오 방송을 듣지 못했나요? 전쟁터에서 죽은 사람들을 빼고도 유대인들을 포함하여 1000만 명이 학살당했어요."

"저는 그런 내용을 전하는 외국 언론 매체를 접한 적이 없어요. 선전 선동에 지나지 않다고 생각했으니까요."

"히틀러 총통은 강제 수용소에서 무슨 일이 있었는지, 그 안에 있던 사람들이 어떤 대우를 받았는지 알고 있었지요?"

"제가 조금 전에 말하지 않았습니까? 총통은 강제 수용소에서 무슨 일이 있었는지 전혀 몰랐을걸요. 그런 내용을 보고받은 적이 없으니까요."

"내가 말하는 것은 아우슈비츠에서만 400만 명을 잔혹하게 죽인 일이에요. 당신은 독일의 고위층 중에서 힘러 말고는 그런 일을 전혀 몰랐다고 우기는 겁니까?"

"총통은 틀림없이 몰랐을 것입니다."

"히틀러는 아랫사람들에게 분명히 말했습니다. '유대인은 모조리 씨를 말리고 강제 수용소로 보내야 한다.'고요. 히틀러는 1943년 4월에 또 이렇게 말했답니다. '유대인에게 강제 노동을 시키거나 총살을 시켜야 한다.' 유대인을 학살한 일을 히틀러나 당신이 몰랐다고요? 당신은 지금 그런 주장을 하는 겁니까?"

"그런 기록이 사실인지는 좀……."

"내가 묻는 말에만 대답하십시오. 히틀러와 당신은 유대인 집단 학살에 대해 전혀 몰랐습니까?"

"제가 방금 말했듯이, 총통은 그런 사실을 전혀 몰랐을 거예요. 저도 그런 일이 어느 정도인지는 알지 못했어요."

"어느 정도인지는 몰라도 유대인 집단 학살에 대해서는 알고 있었다고요?"

"아니오, 저는 유대인들을 외국으로 쫓아 보내려 했다는 사실만 알았을 뿐이에요. 그들을 집단 학살했다는 것은 전혀 몰랐어요."

괴링은 재판을 받는 동안 유대인의 집단 학살에 대해 전혀 몰랐다고 자신의 혐의를 부인했어. 그러나 나치 중에서, 유대인은 모조리 죽여야 한다고 주장한 사람은 힘러가 아니라 괴링이었지.

1946년 10월 1일 모든 재판이 끝나고 최종 판결이 내려졌어. 괴링을 비롯하여 리벤트로프·카이텔·요들 등 12명에게 사형, 헤스·발터 푼크·래더에게 종신형(무기징역형), 나머지 사람들은 10년에서 20년에 이르는 형을 받았고, 무죄 선고도 3명이나 있었어. 이들은 법정에서 한 명씩 들어와 자신의 판결만 들었지.

이들에게는 최후 진술의 기회도 주어졌어. 대부분의 피고인들은 이 자리에서조차 자신의 죄를 부인하는 데 급급했어.

괴링은 엄숙한 목소리로 이렇게 말했어.

"다시 한 번 말씀드립니다. 나는 누구를 죽이라고 명령한 적이

한 번도 없습니다. 독일 국민들은 히틀러 총통을 믿었으며, 이번에 밝혀진 엄청난 범죄에 대해 아무것도 모르는 상태에서 충성을 다했습니다. 따라서 독일 국민들은 전혀 죄가 없습니다."

괴링은 유대인 집단 학살에 대해 자신은 아무 책임이 없다고 강조했어. 그러고는 사형 집행 전날 이런 내용의 메모를 남기고 감옥에서 독약을 삼켜 스스로 목숨을 끊었지.

> 총살형이라면 상관없지만, 독일군 원수를 지낸 나를 교수형에 처하는 것은 받아들일 수 없다. 독일의 이름으로 나는 이것을 거부한다. 그리고 적의 징벌에 따라야 할 의무도 책임도 없다. 그러므로 나는 위대한 한니발 장군과 같은 방법으로 죽을 것을 결심했다.

1946년 10월 16일 뉘른베르크에서 사형수들에 대한 사형이 집행되었어. 징역형 판결을 받은 사람들은 서베를린에 세워진 슈탄다우 교도소에서 복역을 했지. 이번 재판이 끝나자 독일 국민들은 신문·방송을 통해 그 내용을 알게 되었어. 그들은 자신들이 얼마나 큰 죄악을 저질렀는지 깨닫고 깊은 반성을 했어. 그리하여 이 재판에서 3명이 무죄 선고를 받고 풀려났을 때는, 베를린 노동자 25만 명이 파업을 하며 항의 시위를 했다고 하는구나.

그 뒤 뉘른베르크에서는 12차례의 재판이 더 열렸어. 1946년부터 1949년까지 진행된 이 재판들은 미국인 판사들이 주재했으며, 나치당 관료·판사·사업가·의사 등 185명이 재판을 받았어. 36명이 사형, 23명이 종신형, 102명이 징역형, 38명이 무죄 선고를 받았지.

"수많은 사람들을 죽이고 인류를 공포로 몰아넣은 나치 전범 무리들을 재판으로 처벌했다는 것이 놀라워요."

별별이는 정말 놀랐다는 듯 눈을 크게 떴습니다.

변호사 아저씨가 천천히 말했습니다.

"뉘른베르크 재판이 열린 것은 나치 독일 지도자들의 전쟁 범죄를 심판하기 위해서였어. 정식 재판을 통해 그들의 전쟁 범죄를 밝혀내고 법의 심판을 받게 하자는 것이었지. 전범 재판은 오늘날에도 계속되고 있단다. 2006년에는 이라크의 후세인이 재판을 받고 처형되었고, 2011년에는 캄보디아에서 170만 명 이상을 희생시킨 '킬링필드 대학살'의 전범들이 재판을 받았지. 전범 재판을 통해 인류의 정의를 실현시키고 있는 거란다."

변호사 아저씨는 갑자기 생각난 듯 다시 입을 열어 말했습니다.

"참! 킬링필드 전범 재판은 국제 전범 재판소에서 진행했는데, 우리나라 법관이 여기에 재판관으로 참여했단다."

별별이는 변호사 아저씨의 말을 듣고 귀가 번쩍 뜨였습니다.

'그래, 나도 법률가가 되면 국제 사법 재판소(ICJ), 국제 형사 재판소(ICC)에서 재판관으로 활동할 거야.'

별별이는 법복을 입고 법정 제일 안쪽에 앉아 있는 자신의 모습을 떠올려보았습니다. 별별이의 입가에 잔잔한 미소가 번졌습니다.

'나는 반드시 내 꿈을 이루고 말 거야.'

별별이는 법률가가 될 결심을 하며 두 주먹을 불끈 쥐었습니다.

⚖️ 뉘른베르크는 어떻게 전범 재판소로 정해졌나?

뉘른베르크를 재판 장소로 정한 데는 이런 이야기가 전해져요.

미국측 수석 검사는 로버트 잭슨 대법관이었어요. 어느 날 베를린에 사는 루시우스 클레이 장군이 잭슨을 찾아와서 말했지요.

"재판 장소로 뉘른베르크 법원이 가장 좋습니다. 연합군의 폭격으로 독일 안에서 다른 법원들은 다 파괴되었지만, 이 법원은 건물이 그대로 남아 있거든요. 게다가 법원 옆에는 감옥으로 쓸 만한 작은 건물이 있습니다. 피고인들은 재판하면서 수감할 수도 있으니, 이렇게 편리한 곳이 또 어디 있겠습니까?"

뉘른베르크 법원은 클레이 장군의 추천으로 재판 장소 후보에 올랐어요. 재판부 사람들은 뉘른베르크 법원이 재판 장소로 적당한지 의논을 했지요.

"법원과 감옥이 나란히 있다면 더 이상 생각할 것도 없지요. 그곳으로 정해 버립시다."

"뉘른베르크는 독일의 평범한 도시가 아니에요. 1930년대에는 나치의 활동 무대였지요. 그곳에서 해마다 전당 대회가 열리고 대규모 퍼레이드가 벌어졌어요."

"1935년 뉘른베르크에서 열린 나치당 집회에서 유대인에 대한 인종 차별을 승인한「뉘른베르크법」이 통과되었어요. 이 법으로 유대인의 독일 시민권을 박탈하고, 유대인과 독일인의 결혼을 금지했지요. 이처럼 악명 높은 유대인의 학살 원흉, 나치의 본거지에서 나치 전범들을 재판한다면 얼마나 뜻 깊은 일이겠어요?"

재판부 사람들은 너도나도 뉘른베르크 법원을 추천했어요. 그리하여 뉘른베르크 법원이 재판 장소로 결정되었답니다.

나치의 유대인 대학살

아돌프 히틀러가 독일에서 정권을 잡은 것은 1933년 3월이었어요. 그는 총리가 되자마자 유대인을 박해하는 일에 나섰어요. 지방 정부, 법원, 대학에서 유대인들을 쫓아냈으며, 유대인 소유 기업은 파산에 이르게 했지요.

또한 1935년 뉘른베르크에서 열린 나치당 집회에서 유대인에 대한 인종 차별을 승인한 「뉘른베르크법」이 통과되었어요. 이 법으로 유대인은 독일 시민권을 잃었으며, 유대인과 독일인의 결혼을 금지했지요.

히틀러는 독일 민족인 아리안 족을 세계에서 가장 우수한 인종으로 생각했어요. 그런데 유대인을 세계에서 가장 열등한 인종으로 여겼기에, 우수한 아리안 족의 혈통을 파괴할 수 없다며 유대인과 독일인의 결혼을 금지했던 거예요.

유대인은 직업을 얻을 수도 없고, 학교에 다닐 수도 없었어요. 도서관·박물관에도 갈 수 없었어요. 식당·찻집·상점 등에는 '유대인 출입 금지' 팻말이 붙

아돌프 히틀러
© Bundesarchiv, Bild 183-S33882 / CC-BY-SA

어 있었어요. 또한 유대인이 아닌 사람과는 사귈 수도 없었어요.

　나치는 수많은 유대인들을 '게토'라고 불리는 곳으로 강제 이주시켰어요. 유대인들은 군인이 지키고 철조망이 둘러쳐진 곳에서 갇혀 살아야 했지요. 독일에서는 6세 이상의 모든 유대인에게 '다윗의 별'이라는 노란색 배지를 옷에 달고 다니게 했어요.

　나치의 유대인 박해는 여기에 그치지 않았어요. 제2차 세계 대전 중에는 가장 열등한 인종을 잡아 없앤다며 '유대인 사냥'에 나선 거예요. 그들은 독일 및 독일 점령 지역에 수백 개의 강제 수용소를 세우고 유대인들을 집단 학살했어요. 그렇게 나치에게 희생된 유대인이 무려 420만 명에서 570만 명이었지요. 그중에서 '아우슈비츠'는 가장 유명한 수용소이죠.

　나치의 이러한 끔찍한 유대인 대학살을 '홀로코스트'라고 해요. 라틴 말로 '완전히 태워 바치는 희생 제물'이라는 뜻이지요.

⚖️ 도쿄 전범 재판

　도쿄 전범 재판은 1946년 5월 3일부터 1948년 11월 12일까지 1년 6개월 동안 일본 도쿄에 있는 육군성 회의실에서 열린 일본 전범 재판이에요. 정식 명칭은 '극동 국제 군사 재판'으로, 도조 히데키·히로타 고키·히라누마 기이치로·고이소 구니아키 등 전임 총리를 비롯하여 초고위 일본인 전쟁 지도자 18명이 1급 전범으로 기소되었어요. 이 가운데 두 명은 재판 도중에 병으로 죽었으며, 한 명은 정신병을 앓아 재판이 중지되었어요. 25명이 유죄 판결을 받았는데, 전임 총리 두 명과 장군 다섯 명이 사형, 16명이 무기 징역, 2명이 각각 20년, 7년의 유기 징역에 처했어요.

이 재판은 미국·영국·중국·소련·프랑스·네덜란드·캐나다·오스트레일리아·뉴

도쿄 전범 재판의 재판관들

질랜드·인도·필리핀 등에서 각 한 명의 재판관을 파견했고, 재판장은 오스트레일리아의 윌리엄 플러드 웹이 임명되었어요. 그리고 검사도 11개 나라에서 각 한 명씩 파견했고, 수석 검사는 미국의 조지프 키난이 맡았지요. 이 재판은 818회의 공판이 열렸고, 증거 자료 4,336건이 접수되었으며, 증인 416명이 법정에 출두했어요. 판결문이 1,781쪽에 이르러 법정에서 읽는 데만 9일이 걸렸다고 해요.

이 재판에서 가장 큰 논란거리는 일본 천황에 대한 처리 문제였어요. 일본 천황은 전범 수괴이기 때문에 여러 나라에서 그를 전범으로 기소해야 한다고 주장했지요. 그러나 연합군 최고 사령관 맥아더가 일본 천황에 대한 기소를 반대했기에, 수석 검사 조지프 키난은 일본 천황을 기소하지 않았답니다.

이 재판은 일본의 침략 전쟁에 대한 책임을 물었다는 점에서 그 의의가 높은 재판으로 평가되고 있어요. 도쿄 전범 재판을 계기로 전쟁 범죄 처벌 문제가 대두되었고, 그 뒤 국제 형사 재판소(ICC)가 세워졌답니다.

유재원 변호사와 함께 생각해 보기

 반인류적 범죄를 어떻게 처벌할 것인가?

어떤 나라에서는 국가 권력이 무자비하게 일부 국민들을 차별하고 학살하기도 했는데, 너희들 그 사실을 알고 있니? 이런 사건들은 나치가 유대인을 학살한 사건, 일본군이 중국 난징에서 민간인을 학살한 사건 이후에도 몇 번이나 계속된 일이었단다. 참 놀랍고도 끔찍한 일이지.

1990년대 유고슬라비아의 대통령이었던 밀로셰비치는 유고연방의 대통령이 된 이후, 세르비아계의 국민들만 존중하고 알바니아계, 보스니아계, 크로아티아계 등의 다른 인종을 차별했단다. 결국 밀로셰비치는 1990년부터 2000년까지 온갖 내전과 국제 전쟁을 일으켰고, 그것을 '코소보 사태'라고 불러. 10여 년 동안 무려 수십만 명의 사람이 죽고 수백만 명의 난민이 생겼단다. 평온하던 유고연방은 사분오열로 쪼개졌고 결국 밀로셰비치는 쫓겨났지.

최근에 이런 일이 생겼다는 점에서 세계는 발칵 뒤집혔어. 어떻게 한 나라의 대통령이 자국의 국민을 학살하는 행동을 하느냐 말이지. 그래서 밀로셰비치는 유고국제형사 재판소(ICTY)에 회부되었단다. 이른바 전범이자 반인류 범죄인으로 말이야. 재판을 통해 그 죄를 꼭 묻고 싶었던 전 세계인들 앞에서 밀로셰비치는 죄를 인정하지 않았단다. 참 뻔뻔했지. 줄곧 자신은 정당하다고 했지만 그런 말이 자신의 양심에도 반했는지 극심한 고뇌를 겪다가 감옥에서 죽었단다. 이 일로 그 재판은 유야무야 끝나게 되었어. 우리나라의 권오곤 판사님도 참여하신 세계적 재판이었는데 말이야.

캄보디아에는 크메르 루즈 정권이 학살을 자행했단다. 이건 무슨 인종 차별도 아니고 정치적 학살도 아니었어. 단지 공산정권에 반대하는 지식인들을 색출해서 무자비하게 살해한 사건이었단다. 몇 년 간(5년여)의 독재 정권에서 희생자는 170만 명이 넘고 이 학살을 통해 전 국민의 4분의 1이 죽었다고 하니 참 끔찍한 일이었지. 더 참다못한 국민들이 정권을 뒤엎자 반성하지 못한 크메르 루즈 일당은 정글에 들어가서는 캄보디아 정부를 계속 괴롭혔단다. 결국 1989년에 그 괴수 폴 포트가 죽고 나머지 잔당이 잡히면서 그 사건은 끝이 났어. 2003년에는 유엔에서 직접 나서서 크메르 루즈 전범 재판소를 열었고 그에 가담했던 사람들을 재판하기 시작했지. 예전에 나도 캄보디아를 방문하게 되었을 때, 사람 뼈로 된 탑을 여러 개 보고는 깜짝 놀랐단다. 무자비한 학살로 캄보

다르푸르 분쟁으로 차드에 마련된 난민 수용소

무아마르 카다피

디아는 큰 고통을 겪었을 거란다.

수단에서는 다르푸르 분쟁이 벌어져서 수십만이 희생되고 수백만의 사람들이 유랑해야 했어. 그 분쟁의 씨앗은 종교 문제란다. 수단 정부가 이슬람의 방식으로 국민들을 다스리려고 하자 아프리카 원주민들이 거부하면서 20만 명 이상이 학살되는 처참한 사건으로 번지게 된 것이지. 현재까지도 분쟁이 계속되고 있어서 조만간 국제형사재판소(ICC)의 재판도 시작될 것이라고 하는구나.

최근에는 이라크의 철권 통치자 사담 후세인이 이라크에 마련된 특별재판소에서 사형 판결을 받았어. 리비아의 독재자 카다피 일당(아들, 부하 등등)에 대하여도 국제형사재판소가 재판을 진행하려 하고 있지. 후세인 또한 자신의 국민인 쿠르드 족을 학살한 혐의가 있고 카다피는 정권 반대파인 국민들을 대포와 탱크로 무자비하게 진압한 책임이 있어. 앞으로 이런 반인류 범죄(학살 범죄)에 대해서는 보다 엄중한 처벌이 필요할 듯하구나.

이번 뉘른베르크 재판을 보면서 이런 점을 발견했니? 나치 전범들이 하나같이 "저는 명령에 따랐을 뿐입니다. 저는 그것이 무슨 범죄인지도 몰랐습니다."라고 하고 있잖아. 그래. 원래 「형법」에서는 정당 행위(「형법」 제20조)라고 해서 '명령에 따른 군인의 살인 행위'나 '강요된 행위' 같은 것은 무죄가 될 수도 있단다. 특히 자신의 행동이 어떤 결과를 가져올지도 모르고 하는 '고의 없는' 행위는 더더욱 무죄가 될 수도 있지. 나치 일당은 이런 법 상의 빈틈을 노리고 법적 주장을 펼친 거야. 죄는 뉘우치지 않고 말이야. 그런데 이렇게 인류 학살 범죄에 가담한 사람들이 정말 자신의 행동을 몰랐을까? 이런 경우에는 다분히 고의가 추정될 수 있는 거야. 적어도 미필적 고의("에라 모르겠다. 될 대로 되라. 네 사정 볼 것 아니다."라는 고의)가 다분해. 또한 명령에 따른 행위라고 하는 것은 전쟁 중인 상황에서 적군에 대한 행위이거나 작전상 도저히 거부할 수 없는 명령에 가담한 행위여야 하는 거지. 히틀러와 나치 정권에서 유태인 학살에 가담하면서 나름대로 명성을 쌓으며 부귀영화를 누렸던 사람들은 잘못된 명령을 거부할 수 있는 여지를 스스로 없앤 거야.

자, 이렇게 보면 유고 사건이나 캄보디아 사건, 수단 사건, 이라크 사건, 리비아 사건도 어떻게 판단되어야 하는지 잘 알겠지? 폭력을 휘두르는 권력에 기생하던 일당들은 법적인 책임을 져야 하지. 나중에 너희들이 국제적인 인물이 되어서 이렇게 중요한 재판에 참여한다면 인류애적인 관점에서 공정한 눈으로 판단해야 한단다.

이제껏 여러 재판을 보았겠지? 어떤 재판이 기억이 남니? 새롭게 배울 만한 것은 많았겠지? 이 책을 통해 여러분의 법적 수준이 높아졌기를 바랄게. 또 앞으로 여러분들 중에서 훌륭한 법조인들이 많이 나오길 기원할게.

세계사로 배우는 법 이야기

펴낸날	초판 1쇄 2014년 4월 18일
	초판 8쇄 2024년 12월 1일

지은이   유재원, 신현배
그린이   임혜경
펴낸이   심만수
펴낸곳   (주)살림출판사
출판등록 1989년 11월 1일 제9-210호

주소   경기도 파주시 광인사길 30
전화   031-955-1350   팩스 031-624-1356
홈페이지 http://www.sallimbooks.com
이메일   book@sallimbooks.com

ISBN   978-89-522-2852-9 73300

살림어린이는 (주)살림출판사의 어린이 브랜드입니다.

※ 값은 뒤표지에 있습니다.
※ 잘못 만들어진 책은 구입하신 서점에서 바꾸어 드립니다.

사용연령 8세 이상   **제조국** 대한민국
제조년월 2024년 12월 1일   **제조자명** (주)살림출판사
연락처 031-955-1350
주소 경기도 파주시 광인사길 30
주의사항 책을 던지거나 떨어뜨리면 모서리에 다칠 우려가
있으니 주의하세요.

KC마크는 이 제품이 공통안전기준에 적합하였음을 의미합니다.